한글에 빛을 밝힌 어문민족주의자 주시경

한글에 빛을 밝힌 어문민족주의자 주시경

| **이규수** 지음 |

글을 시작하며

주시경은 개화기의 국어 문법 학자로, 한글의 근대화를 주도한 국문학계 계보의 창시자이자 '한글과 한국어의 아버지'라 불린다. 주시경이 창안한 '한글'이라는 명칭은 '큰, 많은, 넓은'의 의미를 지닌 '한'에 '글'을 더한 말이다. 우리말 연구는 주시경에 의해 비로소 근대적인 학문 체계로 정립되었고, 그의 업적은 후학들에 의해 계승, 발전되어 현재 국어학의 원류를 이루고 있다. 주시경이 우리말과 글을 사랑하고 널리 사용하는 일이 얼마나 중요한지를 강조한 글을 살펴보자.

세종대왕께서 지극히 밝으셔서 각국이 다 그 나라의 글이 있어 그 말을 기록해 쓰되, 홀로 우리나라는 글이 완전하지 못함을 개탄하시고 국문을 교정하시어 나라 전체에 널리 펴셨으니 참으로 거룩하신 일이로다. 그러나 후생들이 그 뜻을 본받지 못하고 오히려 한문만 숭상해 어릴 때부터 이삼십까지 아무 일도 아니하고 한문만 공부로 삼되 능히 글을 알아보고 능히 글로 그 뜻을 짓는 자 백에 하나가 못 되니 이는 다름이 아니라 한문은 형상을 표하는 글인 까닭으로 이처럼 어려운지라.

-「국어와 국문의 필요」, 『서우』 제2호, 1907

오늘날 나라의 바탕을 보존하기에 가장 중요한 자기 나라의 말과 글을 이 지경을 만들고 도외시한다면, 나라의 바탕은 날로 쇠퇴할 것이요 나라의 바탕이 날로 쇠퇴하면, 그 미치는바 영향은 측량할 수 없이 되어 나라 형세를 회복할 가망이 없을 것이다. 이에 우리나라의 말과 글을 강구해 이것을 고치고 바로잡아, 장려하는 것이 오늘의 시급히 해야 할 일이다.

─『국어문전음학』 박문서관, 1908

주시경 연구는 그가 생을 마치던 해인 1914년부터 시작되어 국어학자 후학들에 의해 오늘에 이른다. 그동안 주시경에 관한 연구는 양적인 측면에서 상당한 축적이 이루어졌고, 그에 비례해 질적인 연구도 심화되어 왔다. 그런데 음운론, 형태론, 통어론, 의미론, 조어법, 맞춤법, 문법이론 등 국어이론에 대해서는 상당한 연구가 이루어진데 비해, 국어운동의 기반을 이루는 사상적 토대, 즉 주시경의 언어관과 언어관을 바탕으로 전개된 실천적 결과인 한글운동이 남긴 업적에 관한 연구는 상대적으로 부족한 편이다.

역사학 분야에서 주시경에 대한 관심이 없는 것은 아니었지만, 주시경에 대한 역사학적인 접근이 충분했다고 말하기 어렵다. 주시경은 짧은 생애를 통해 국어운동가로서 한글 맞춤법 이론을 제시했고, 국어 연구와 보급, 우리나라의 새로운 문자생활, 언어생활을 실현하기 위한 활동을 전개했다. 주시경의 학문과 사상을 종합적으로 이해하기 위해서는 그가 마주했던 근대사의 역사적 정황과 국어운동의 동력 기반인 민족주의 언어관과 이에 근거한 한글운동의 면모를 살펴보고, 주시경이 전개한 한글문화운동의 의미를 민족문화사적으로 재조명할 필요가 있다.

19세기 말에 주시경은 나라의 독립과 발전의 길이 민중의 개화자강에 있다고 생각하고 『독립신문』의 국문판 조필助筆로 활동하면서 독립신문을 국문전용, 국문 띄어쓰기, 쉬운 국어쓰기를 실행해 발간함으로써 민중계몽과 민족문화의 발전에 지대한 공헌을 했다.

1905년 국권을 빼앗기고 망국이 눈앞에 놓인 절박한 시기에, 그는 자신의 어문민족주의사상에 입각해 헌신적으로 애국계몽운동에 참가했다. 그는 국권을 잃을 위험한 시기에 외국 어문이 미친 파도와 같이 밀려들어와 기세를 떨치고 있는데, 지식인들은 여전히 한문 사용의 누습에 젖어, 모국 문자인 국문을 체계화하고 있지 않음을 보고 개탄했다. 만일 국어국문을 과학적으로 체계화해 민중 사이에 널리 보급시켜 놓지 못하고, 타성에 젖어서 한문 사용의 누습에 지배되거나 다시 일본어에 지배되어 국어를 잃어버리는 날에는 국권 회복과 독립 쟁취는 이루어질 수 없게 된다고 보았다.

반면 국어국문을 재발견해 연구·체계화하고 나라사랑과 함께 자기 나라의 언어와 문자를 사랑할 것을 청소년들에게 교육하고, 국어국문을 민중들에게 보급시켜 놓으면, 신진 청년들에 의해 반드시 국권 회복과 독립 쟁취의 날이 올 것이라고 확신했다. 주시경은 이런 사명감을 가지고 먹고 자는 것을 잊다시피 하면서 연구에 몰두해 선구적인 업적을 내면서 국어국문을 현대적으로 재발견하는 데 성공했다. 또 청소년들과 국민들에게 교육하기 위해 수많은 학교에서 국어국문을 보급하고 일요일에는 '국어강습소'를 만들어서 청소년들을 모아 무료 강의를 계속했다.

또한 그는 국권을 회복하고 독립을 쟁취하기 위해 국어국문 이외에도 사회관습 개혁을 위해 조혼폐지론, 과학적 위생론, 미신타파론, 부녀교육론, 음악보급론 등을 비롯해 그가 아는 모든 분야에서 민중들을 계몽하기 위해서 계몽논설을 쓰고 계몽연설을 하면서 애국계몽운동에 헌신했다.

주시경의 애국계몽운동의 특징은 국문 전용을 하면서 한문을 모르는 일반 대중과 부녀계층 속으로 뚫고 들어가서 나라사랑과 국어국문에 대한 교육과 사랑을 일깨우고 계몽하는 데 있으며, 학생들에게는 본격적인 국어국문의 체계를 가르치고 독립사상을 고취한 데 있다고 말할 수 있다.

다양한 학교와 강습소에서 양성된 많은 후학 연구자들이 '주시경 학파'를 형성하면서 주시경의 학문과 주장은 크게 영향을 끼쳤다. 「한글모죽보기」(1917년경)의 강습생 명단에 구체적으로 밝혀져 있듯이, 주시경의 제자로는 최현배崔鉉培·신명균申明均·김두봉金枓奉·권덕규權悳奎·정열모鄭烈模·이규영李奎榮·장지영張志暎·정국채鄭國采·김원우金元祐·안동수安東洙 등 550여 명에 이른다. 제자 연구자들은 이후 일본의 민족말살정책에 항거해 꾸준히 우리말을 연구·보급하는 등 국어수호운동을 전개했다.

역사학적인 관점에서 보면 주시경은 국어학자 이전에 '애국계몽사상가'이며 '애국계몽운동가'였다. 한말이라는 시대적 상황에서 국어국문을 재발견한 소중하고 위대한 업적은 『독립신문』, 독립협회 운동과 특히 한말 애국계몽운동의 성과의 일환이었다. 한말 개화기에 민족문화의 현대적 정립은 일차적으로 한국의 역사와 언어의 재발견과 현대적 체계화를 요구했다. 이것은 그 시대에 하나의 역사적 요청이자 소명이었다. 특히 언어·문학의 재발견과 체계화는 고도의 과학적 분석과 연구가 요청되는 특수한 분야였다.

오늘날의 학문체계에서 평가할 때 주시경의 연구에 불충분한 부분이 있다 하더라도, 역사적으로 바라볼 때 그것은 전혀 대수롭지 않다. 자기 생애를 모두 바쳐 이루어놓은 그의 업적과 애국계몽운동은 이후 일제의 가혹한 탄압 속에도 제자들에 의해 국어와 국문을 연구하고 발전시키려는 민족문화투쟁과 독립운동으로 확대되었기 때문이다. 한말 민족문화 창조의 긴급한 양대 과제였던 민족어문과 민족사의 재발견 가운데, 민족어문의 재발견이라는 위대한 업적이 이루어진 것은 주시경의 애국계몽운동의 산물이라 해도 지나치지 않을 것이다.

2014년 12월

이 규 수

차례

개항이라는 격변기에

주시경周時經(1876~1914)이 살았던 시대는 개화기와 일본에 의해 강제적으로 식민지로 전락한 민족수난기로 한국 사회의 격변기였다. 그는 갑신정변·갑오경장·아관파천·독립협회 설립·만민공동회 개최·을사늑약·한국강점·105인 사건 등 격동의 근대사 속에서 역동적인 삶을 살았다. 이 사건들은 주시경의 삶에 직·간접적으로 영향을 미쳤을 것이다. 주시경은 근대사의 주변이 아니라 중심에서 역사적 사건을 온몸으로 체험했다. 그의 삶을 살펴보는 것은 개인의 삶에 대한 이해를 넘어 당시 역사적 상황을 이해함으로써 그가 남긴 업적의 역사적 의미를 재평가하기 위한 과정이라 볼 수 있다.

　조선 사회는 임진왜란으로 황폐해졌지만, 18세기를 전후해 농업과 수공업이 회복되고 각지에 크고 작은 장시場市가 형성되었다. 대외무역의 발전과 더불어 농민층의 계층분화가 촉진되고 지주적 토지소유도 확대되었다. 19세기에 들어서면서 농민과 민중의 반란이 잇따랐으며, 양반·양민·노비 등 조선 사회를 구성해 왔던 신분제가 동요했다. 또한 장시의 발전을 배경으로 사상私商이 대두했으며, 상품경제의 발전에 대응해서 사회개혁을 지향하는 실학도 견실하게 전개되었다. 이 과정에서 양반층에서도 몰락한 자가 나타났다.

유교지상주의를 취한 당시 지배층은 기독교 포교활동을 허용하지 않았다. 조선에서 기독교 포교는 18세기 말부터 시작되었지만, 여러 차례 극심한 탄압을 받았다. 특히 1839년에는 프랑스인 선교사를 포함한 200여 명이 처형당했다. 기독교 탄압은 서구 열강이 조선에 개국·통상을 요구하는 구실이 되었다. 특히 아편전쟁 후의 홍콩과 상하이는 영국

흥선대원군

과 프랑스 양국이, 개국 후의 일본은 미국이 조선에 압력을 가하는 거점이 되었다. 1860년 베이징이 영국과 프랑스 연합군의 침략을 받은 데 이어 러시아가 연해주에 진출한 사건 등으로 말미암아, 동아시아에서 쇄국을 국시로 삼는 유일한 왕조였던 조선은 긴장하지 않을 수 없었다.

이러한 와중에 1865년 흥선대원군 이하응李昰應은 내정을 재건함과 동시에 쇄국정책을 실시했다. 1866년 미국 상선 제너럴셔먼General Sherman호가 통상을 요구하면서 대동강을 따라 평양에 도착했고, 또한 프랑스 함대가 서울의 바깥문에 해당하는 강화도로 침략했다. 이

어 1871년에는 미국 함대가 강화도를 점령했다. 대원군은 각지에 척화비를 세우고 쇄국양이를 굳건히 유지하겠다는 뜻을 대내외에 과시했다. 척화비에 새겨진 내용은 다음과 같다.

서양 오랑캐가 침범해 왔는데	洋夷侵犯
싸우지 않음은 곧 화의하는 것이요,	非戰則和
화의를 주장함은 나라를 파는 것이다.	主和賣國
우리 자손 만년에 경계하노라	戒我萬年子孫

양반층에서는 이를 지지하는 위정척사파衛正斥邪派가 형성되었다. 그들은 왕조 권력의 중추에 진출해 일본 정부가 '왕정복고'를 고지한 것에 격렬하게 반발했다. 그러나 양반층 일각에서 거센 반대가 일어나자 1873년 말 명성황후 민씨 일족에 의해 대원군 세력은 실각되었다.

민씨 정권이 당면했던 최대 대외과제는 '조선침략=정한론'으로 내정의 모순을 외부로 돌리고, 나아가 국권확장을 기도한 일본 정부에 대응하는 일이었다. 특히 일본이 타이완을 침략했다는 소식이 전해지자 민씨 정권은 일본과 교섭을 벌이는 쪽으로 선회했다. 그러나 일본 정부는 갖가지 빌미로 공식적인 교섭을 중단한 채

척화비

강화도조약 체결 장소인 연무당

1875년 5월경부터 군함을 부산에 침입시키는 등 군사적 압력을 가했다. 9월에는 군함 운요호雲揚號가 강화도 포대 근처에 불법 침입해 조선 측이 발포하자 곧바로 반격해 육전대를 상륙시켰다. 일본 정부는 이를 구실로 개국과 조약체결을 강요했다. 일본의 군사행동은 영국과 미국의 지지를 받은 것이었다. 일본은 열강의 조선에 대한 개국요구를 실현하는 이른바 대리인이었다. 일본은 군함 6척, 병사 800명으로 압박하면서 강화도조약을 체결했다.

일본의 무력시위 아래 체결된 조약은 모두 12개조였는데, 일본의 정치적·경제적 세력을 조선에 침투시키려는 의도가 반영되어 있었다. 제1조에서 조선은 자주국으로 일본과 평등한 권리를 가진다고 규정되어 있으나, 그 목적은 조선에서 청나라의 종주권을 배격함으로써 청나라의 간섭 없이 조선 침략을 자행하기 위해서였다. 제5조에서 조약이 체결된

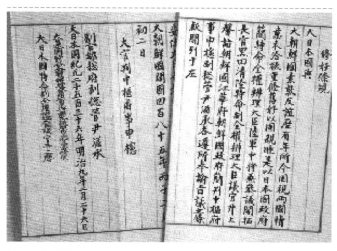

강화도조약 조약문

후 조선 정부는 20개월 이내에 부산과 그 밖의 2개 항구를 개항할 것을
규정하고, 2개 항구의 선정은 일본의 임의에 맡기도록 하였다. 그 결과
동해안에는 원산이, 서해안에는 인천이 각각 선정되었고 인천항으로부
터의 미곡 수출은 금지되었다.

제4조에서는 개항장 내에 조계租界를 설정해 일본 상인의 자유로운 무
역과 가옥의 조영造營 등 거주의 편의를 제공할 것을 규정했다. 제7조에
서는 일본이 조선의 연해·도서島嶼·암초 등을 자유로이 측량하고 해도
海圖를 작성할 수 있도록 규정했다. 제8조와 제10조에는 개항장에서의
일본인 범죄자들에 대해 현지에 파견된 일본영사가 재판한다는 치외법
권 조항이 명시되었다. 이 조약을 바탕으로 일본은 개항장을 통해서 일
본인을 조선에 침투시키고, 조차지租借地를 확보해 일본 세력의 전초지로

17

삼으려 했다. 아울러 치외법권을 설정해 일본인 상인들의 불법적이고 방자스런 행동에 대해 조선의 사법권이 미칠 수 없도록 했다. 이 같은 불평등한 조약으로 인해 조선은 서양 여러 나라와 통상을 시작하게 되고, 문호를 개방함으로써 서양의 신문명을 수입함과 동시에 열강의 침략을 받게 되었다.

주시경은 이러한 격변하는 정세 속에서 태어났다. 외세의 잦은 침략으로 나라가 소란스럽고 일본에 의한 불평등한 개항으로 바람 앞의 등불과도 같았던 우리나라의 현실은 그의 삶에도 그대로 투영되었다. 주시경은 우리 민족이 당면한 민족적·사회적 과제를 명확하게 인식하고 이들 과제를 해결하기 위해 자신의 모든 역량을 집중했다. 그는 자주화와 근대화의 물결이 밀려오던 무렵 태어나 평생 한글 연구와 보급에 온 생애를 바쳤다.

주시경이 태어난 시기는 외세의 침략으로 나라의 운명이 풍전등화와 같던 시기와 맞물려 국어, 국사 그리고 민족문화는 민족 정체성을 확립하기 위한 가장 확실한 담보물 가운데 하나였다. 민족은 공통의 언어 집단이고, 공통의 역사적 경험을 지닌 집단이며, 독자적 문화 집단으로 이해되었기 때문이다. 특히 주시경은 '자기 나라를 보존하며 자기 나라를 일으키는 길은 나라의 바탕을 굳세게 하는 데 있고, 나라의 바탕을 굳세게 하는 길은 자기 나라의 말과 글을 존중하여 쓰는 것이 가장 중요하다'는 어문 민족주의적 사고를 지니고 있었다. 따라서 나라의 위기가 현재화되어 가면서 말과 글에 대한 연구와 보급은 민족 정체성의 확립을 뛰어넘어, 그를 통해 민족 보존, 수호, 발전을 지향하는 어문 민족주의로

까지 승화되었다. 그러한 어문 민족주의자 가운데 가장 우뚝 선 사람이
바로 주시경이었다.

끼니를 걱정하는 가난한 집안

주시경은 1876년 음력 11월 7일 황해도 봉산군 쌍산면 무릉골 가난한
농가에서 아버지 주면석周冕錫과 어머니 연안 이씨李氏 사이 4남 2녀 가운
데 둘째 아들로 태어났다. 본관은 상주尙州, 아명은 상호相鎬, 호는 한힌
샘, 한흰메, 백천白泉, 태백산太白山 등이 있다. 주시경은 조선 중기 풍기
군수로서 최초의 서원인 백운동서원을 세운 주세붕周世鵬의 13대손이다.
아버지 또한 『구암집』이라는 문집을 발간한 시골 선비였으나 가정 형편
은 매우 어려웠다.

주시경을 잉태했을 때 어머니는, 백발 노승이 나타나 "남편이 연적視
滴을 찾으니 이를 주라", "신이 나타나 흰 꿩 세 마리를 주었다"는 등의 태
몽을 꾸었다고 한다. 주시경이 태어나던 해는 이루 말할 수 없이 극심한
흉년이 들었다. 유년 시절에 어머니와 누이가 산나물과 도라지를 캐어다
죽을 쑤어 형제들의 나이 순으로 나누어 가까스로 가족들의 목숨을 이어
갔다는 기록을 보면, 그가 얼마나 빈곤하게 성장했는지를 알 수 있다.

후일 조선어사전(큰사전) 편찬원으로 근무하면서 조선어학회의 한글
맞춤법통일안 제정위원으로 활동했던 김선기金善琪는 주시경의 어린 시
절에 대해 "난 뒤에 젖이 흔하지 못하더니 그해와 이듬해 정축년丁丑年은
무서운 흉년이라 어린 선생의 먹던 암죽도 끼니를 잇지 못하야 세 번이

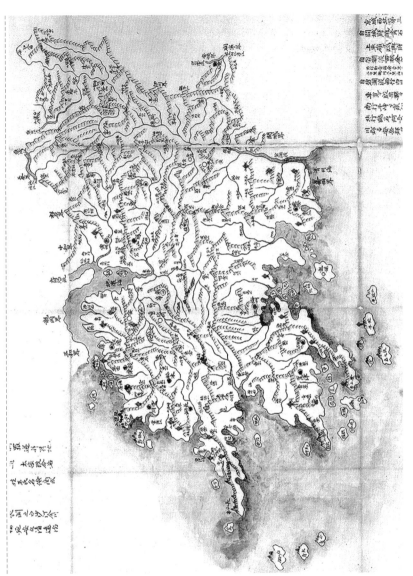

황해도 고지도

나 기진氣盡하엿다가 겨우 다시 깨어난 일이 잇으니 하눌이 위인偉人을 내시며 그 생초生初부터 이러틋 시련이 잇음을 알레라"고 말했다. 일본에 의한 불평등 조약과 외세의 침입으로 인해 우려했던 사회경제적 궁핍이 주시경의 어린 시절부터 현실로 나타났다.

주시경의 어린 시절에 관한 일화는 후학들의 구술을 통해 부분적으로 알려져 있다. 주시경이 6세 때의 일화를 살펴보자.

집 뜰에서 아이들과 함께 수수깡으로 집을 짓고 놀던 중, 한 아이가 이를 방해하여 싸움이 벌어지자, 그 아이는 울음을 터뜨리고 말았다. 이 소리를 듣고 동네 어른들이 와서 말리다가 수수깡으로 지은 집을 보고, "이 수수깡 집은 누가 지었느냐?"고 물었다. 이 때 아이들은 꾸지람을 들을까 걱정이 되어 머뭇거리고 있는데 유독 주시경만이 나서면서 "제가 했어요. 다른 아이들은 내가 하는 것을 도와 줬을 따름입니다"라고 대답했다. 이 말을 들은 어른들은 "너는 장래에 큰 사람이 되겠다"며 주시경을 칭찬했다.

또 8세 때 주시경은 서당에서 공부를 마치고 아이들과 놀다가 남쪽에 솟은 덜렁봉 위에 걸린 하늘이 만져보고 싶어졌다. 그러던 어느 날, 아이들과 함께 그 산을 오르기 시작했다. 산 중턱에 이르자 다른 아이들은 꽃을 꺾으면서 장난하기에 여념이 없었지만, 주시경은 홀로 그 가파르고 위험한 절벽을 기어서 꼭대기까지 올라가 보았다. 산꼭대기까지 올라갔건만 덜렁봉에 걸려 있으리라고 믿었던 하늘은 그곳에서도 더 멀었다. 주시경은 비로소 하늘이 높음을 깨달았다. 이처럼 그는 어렸을 때부터 의심나는 일에 대해서는 끝까지 알고자 하는 욕망과 연구심에 불탔던 소년이었다.

여덟살 되든 해 봄일이라 선생이 이웃집 아이들로 더부러 문밖에서 놀다
가 문득 남쪽에 잇는 덜렁峰이 하눌에 맞닿은 것을 보고 하눌을 만저 볼
생각이 나아 이웃집 아이들과 동무가 되어 뫼에 오를새, 다른 아이들은
뫼중턱에서 풀꽃따기에 맛들여 하눌 만질 생각을 아주 잊되 선생은 홀로
오르기 험한 것을 무릅쓰고 기어이 산꼭다기에 올라가니라.
올라가 보니 거기서도 하눌은 까마득이 멀뿐더러 아래를 굽어보니 집들
이 저 아래에 잇는지라 이때에 비로소 하눌은 참으로 끝이 없고 한이 없
으며 높게도 보이고 낮게도 보임은 오즉 눈의 착각임을 깨닷고 그제야 기
뻐 뛰어 나려오더라.

– 김선기 「한글학의 선구 주시경 선생」, 『동광』, 1932

소년 시절 주시경은 보통 시골 소년과 마찬가지로 마을 서당에서 천
자문을 배우고, 어린 나이에도 힘자라는 대로 집안일을 도우며 살림을
정돈하였고, 양식이 떨어지면 이른 봄부터 달래와 풀뿌리를 캐러 다니
는 극빈한 농촌 소년이었다. 주시경의 일기에 따르면 주시경의 아버지
는 해마다 과거를 보러 다니고 집안일을 돌보지 않아 집이 가난해 정월
을 넘지 못하고 양식이 떨어져서 이른 봄부터 나물을 캐어 연명했다고
한다. 주시경은 당시의 정황을 다음과 같이 회상한다.

아버님께서는 해마다 과거를 보시러 다니시고 일을 돌보는 이가 없으므

로 집이 어렵고 지난해가 오르지 못해 정월正月을 넘지 못하고 먹이가 다 떨어지므로, 첫봄에 누님과 더불어 들에 나아가서 달래를 캐다가 어머님께서 집에 계시어 오래 기다리기가 어려우시리라 하고, 누님께 달래가 그릇을 차지 못했으나, 이것을 가지고 먼저 돌아가 어머님께 드리겠나이다 하니, 네 말이 착하다, 그러하게 해라 하시거늘, 곧바로 돌아올새 앞 내에 이르러 그 달래를 씻더니, 중의中衣를 입은 선비 두 손이 그 길로 지나가다 이를 보고 앉아 나더러 달래를 달라 하거늘, 내가 그 얼굴을 보니 주림을 이기지 못하는 빛이 들어나는지라, 곧 그 달래를 그릇에 다 드리니, 그 두 손이 맙半쯤 먹다가 나더러 너도 배가 고파 이것을 먹으려고 씻는 것이니 우리가 어찌 다 먹으리오 하며, 그 남음을 도로 주거늘 받아 가지고 곧 집으로 돌아와서 이 일을 어머님께 알리니, 어머님께서 그 사람들이 오죽 배가 고파서 네가 씻는 달래를 달라고 했겠느냐, 곧 도로 나가서 잡수시라고 마저 드리라 하시기로, 그대로 들고 돌아나가니 그 두 손이 어디로 갔는지 없는지라, 얼마 찾다가 돌아와 어머님께 찾지 못했나이다 하니, 어머님께서, 네가 나간 뒤에 내가 문을 열고 바라보니 그 사람들이 옆집에 들어와서 먹을 것을 달라 하매 그 집에서 밥은 마침 다 먹고 솥눌음만 남았다 하니, 그 사람들이 아무 것이라도 주면 큰 은혜라 하고 그 솥눌음을 얻어먹고 갔으니 나의 맘에 견디겠다, 그 남은 달래는 우리가 먹자 하시더라.

─「열 살, 개국 494년 을유」, 『일기』

주시경은 동정심이 많았다. 그리고 주시경의 인격을 성장시키는 데는 어머니의 위대한 헌신과 영감이 자리 잡고 있었다. '한글 반포 500주년'을 맞이해 주시경을 기념한 후대 학자의 다음과 같은 글에서도 그러한 내용을 찾을 수 있다.

아! 선생은 과연 동정심이 많으시었다. 그가 배고픈 그 두 손에게 달래를 아낌없이 옮겨 주던 그 마음은 그대로 자라나서 정신적으로 굶주린 우리 동포에게 영적 양식을 주기 위한 노력으로 변했던 것이다. 그러나 선생의 그 위대한 인격의 배후에는 그 인격을 그와 같이 기르신 그 어머니의 큰 감화를 또한 들지 아니할 수 없으니, 이 단편의 일기 속에서 우리는 선생이 과연 어떠한 어머니에게 길리웠다는 것을 추측할 수 있는 것이다. 아! 선생 일대의 위대한 사업이 어찌 우연한 것이었으랴!

— 정태진, 「주시경 선생」, 『나라사랑』, 1999

주시경은 서당에서 한문을 배울 때, 문득 이런 생각을 떠올렸다.

"왜 선생님은 글을 쓸 때에는 한문만 쓰고, 그것을 해석할 때에는 우리말로 할까? 글이란 말을 적기 위해 있는 것인데, 처음부터 우리말로 적으면 될 것이 아닌가?"

이것이 그가 한글 연구에 뜻을 두고 평생을 바치게 된 동기가 되었다.

국어국문 연구에 뜻을 두다

1888년 주시경은 13세의 나이에 큰아버지의 양자가 되어 상경하였다. 그의 한글 연구에 대한 열정은 고향을 떠나 서울로 이주하면서 구체화되었다. 주시경의 큰아버지는 남대문시장에서 해륙물산 객주업을 해 비교적 부유한 생활을 했고, 주시경은 상인들과 중인층의 자제가 다니는 서당에 다니게 되었다. 주시경은 이 서당에서 지적 욕구가 충족되지 않아 더 훌륭한 훈장 밑에서 공부하고 싶어 했다. 그래서 1890년 15세 때 양반 자제들을 가르치는 진사 이회종李會種의 서당으로 옮겨 공부하게 되었다.

주시경은 이회종의 가르침으로 만족하지 못했다. 고작 15세의 나이였지만 한문공부 자체에 회의를 느껴 국어국문에 관심을 갖고 있었다. 그가 국어국문을 본격적으로 연구하게 된 동기는 다음과 같다.

남대문 칠패시장

서당에서 한문글을 배울 때 선생이 한문을 한문음대로 한번 읽어주는데 이때는 아이들은 하나도 알아듣지 못해서 멍하니 그대로 앉아 있다가 다음에 선생이 우리말로 새겨주어야 비로소 고개를 끄덕끄덕했다. 이같이 우리말로 하면 바로 알아들을 수 있는 것을 왜 하필 어려운 한문음을, 그 것도 알아듣지도 못하는 것을 왜 헛되이 되풀이하는가 하고 의심을 품게 되었고, 또 우리글이 있는데 왜 이토록 어려운 한문만을 배워야 하며, 우리말을 쉽게 적을 수 있는 우리글을 왜 쓰지 않나 하고 골똘하게 생각하기 시작한 것이 한글을 연구하게 된 동기이다.

주시경은 신학문을 동경해 18세 때인 1893년 6월 배재학당의 교사인 박세양朴世陽과 정인덕鄭寅德을 찾아가 야학에서 개인적 지도를 받았다. 주시경은 같은 해 7월 7일자 일기에서 "옥계玉溪(박세양의 호) 회천晦泉(정인덕의 호)을 수隨해 수업修業한 이후로 각 문명 부강국이 다 자국自國의 문文을 용用해 막대莫大의 편의를 취한다 함을 듣고 아국我國 언문言文을 연구해 국어 문법 짓기를 시始하다"고 밝히고 있다. 그들로부터 문명 부강한 나라는 모두 자기 나라 문자를 써서 막대한 편의를 취한다는 말을 듣고 국어국문을 연구하며 국어문법 짓기를 시작한 것이다. 이때 그는 영문과 만국지지를 공부했는데, 영문의 자모음을 처음 배우면서 즉각 그 원리를 터득하고 응용해, 국문의 자모음에 대한 독창적 연구를 진전시켰다.

주시경은 19세 때인 1894년 신학문을 본격적으로 공부하기 위해 8월에 스스로 배재학당에 입학했다. 이때 그는 스스로 단발을 했는데 이것은 단발령이 내리기 전의 일로 대단한 용단이 필요한 행동이었다. 배재학당에서 그는 수학, 영어, 지리, 역사 등을 새로 공부하게 되었다. 신학문을 공부하면서 배운 것을 응용하고 새로 깨달아 국어국문 연구와 국어문법 짓기를 이어갔다.

주시경이 배재학당에 입학하는 과정은 다음 글을 통해 알 수 있다.

열여덟 살 곳 갑오경장전 일년에 시운時運에 크게 깨달음이 잇어 그때 배재학당 교사 박세양朴世陽, 정인덕鄭寅德 그 밖에 몃분에게 수리數理며 내외 지리, 역사 등 이른바 신학문新學問을 배울새 이때부터 선생의 마음속에는 이상한 세계가 안개가 걷히며 산천山川이 보이듯이 보이기 시작하니라.

배재학당

이듬해 갑오년이라 얼마동안 시골에 도라가 잇더니 5월에 일청日淸전쟁이
이러나 시세時勢가 급전함을 보고 청년은 결코 퇴영위축 退嬰萎縮해서는 아
니될 때요 나아가 신新시대를 이해하고 새 지식을 닦어야 할 것을 철저히
깨닷고 당연奮然히 서울에 올라와 배재학당에 입학하니라.

당시 국어 문법체계는 누구에 의해서도 이루어지지 않았고, 배재학당
에서 그에게 국어문법을 가르쳐줄 교사는 없었다. 그의 국어문법 연구
는 스스로 개척한 완전히 독창적인 작업이었다. 단발령 이전에 스스로
단발을 하고 신학문을 배우러 배재학당에 들어가는 결단을 내렸으며,
스스로 국어국문 연구를 진행했다는 것은 주시경의 놀라운 선각을 단적
으로 보여주는 일이다.

주시경은 배재학당에서 수학하다가 1895년 7월에 갑오경장 내각의 탁지부에 의해 인천관립 이운학교利運學校 생도로 선발되어 1896년 2월에 속성과를 졸업했다. 이운학교는 해운기술학교로 교육과정은 자연과학과 항해술을 중심으로 한 것이었는데 이는 주시경의 학문에 중대한 영향을 끼쳤다. 주시경이 독창적으로 국어국문법을 만들 수 있었던 학문적 배경에는 자연과학 특히 수리학 공부가 자리 잡고 있었다. 자연과학 공부는 이때가 처음이

주시경

므로 이운학교의 공부는 주시경의 과학적 사고 발전에 큰 영향을 끼친 것으로 보인다.

주시경이 인천 이운학교 속성과를 졸업하고 견습으로 있을 때, 아관파천이 일어나 갑오경장 내각이 무너졌다. 그는 다시 배재학당으로 돌아가 신학기부터 만국지지역사특별과萬國地誌歷史特別科에 재입학했다. 1895년 12월 26일 귀국한 서재필이 1896년 1월부터 독립신문사의 창립준비를 하면서 신학기 때부터 배재학당에서 만국지지학萬國地誌學 강의를 맡게 되었다. 그때 주시경과 서재필의 만남이 이루어졌다.

서재필과의 만남은 결코 우연이 아니었다. 서재필이 귀국하기 훨씬 이전부터 주시경은 이미 국문법 연구를 하고 있던 당시에는 거의 찾아볼 수 없는 국문전용론자였다. 서재필은 일반민중과 부녀자들이 읽을 수 있도록 국문전용 신문을 창간하려 했는데, 그렇기 때문에 당연히 주시경이 발탁되었다.

주시경은 서재필과 함께 처음부터 『독립신문』 발간인의 한 사람으로 깊이 관여했다. 「주시경자필이력서^{周時經自筆履歷書}」에 의하면, 그는 1896년 4월 7일 『독립신문』 창간과 함께 독립신문사 회계사무 겸 교보원^{校補員}으로 임명되었다가 이후 회계의 책임은 그만두고 총무 겸 교보원으로 재직했다. 이 직책은 주시경의 위치가 사장 겸 주필인 서재필의 다음이었음을 의미한다. 서재필은 주시경을 '국문담당 조필^{助筆}'이라 부르고 있는데, 이것은 처음부터 『독립신문』의 국문판 제작은 「논설」을 제외하고는 주시경이 담당했음을 단적으로 보여준다.

『독립신문』이 19세기 말 획기적으로 국문전용을 실행하고 쉬운 일상의 국어를 사용하면서 창간된 것은 주시경의 민족주의사상과 국문연구, 서재필의 민주주의사상이 바탕에 있었다. 즉 국문전용, 쉬운 국어쓰기, 국문 띄어쓰기에 바탕을 둔 『독립신문』의 창간은 서재필의 민중을 위한 민중이 읽을 수 있는 계몽적 신문을 만들겠다는 민주주의적 결단과 주시경의 자기 나라 말은 알기 쉽고 배우기 쉬운, 세계에서 가장 우수한 문자인 국문전용으로 표현하자는 민족주의사상, 그리고 1893년 이래의 국문연구 노력이 결합되어 이루어진 것이었다.

주시경은 1897년 4월 22일자와 4월 24일자, 9월 25일자와 9월 28일자 『독립신문』에 두 편의 「국문론」을 발표했다. 이 글은 주시경의 최초의 작품으로 그의 초기 사상을 잘 보여준다. 주시경이 1897년 4월 22일에 발표한 「국문론」은 다음과 같이 시작된다.

배재학당 학원 주상호씨가 국문론을 지어 신문사에 보내었기에 왼쪽에 기재 하노라. 사람들 사는 땅덩이 위에 다섯 큰 부주 안에 있는 나라들이 제각각 본토말들이 있고, 제각각 본국 글자들이 있어서 각기 말과 일을 기록하고, 간혹 말과 글자가 남의 나라와 같은 나라도 있는데 그중에 말하는 음대로 일을 기록하여 표기하는 글자도 있고, 무슨 말은 무슨 표라고 그려 놓은 글자도 있는지라. 글자라 하는 것은 단지 말과 일을 표기 하자는 것이라. 말을 말로 표기하는 것은 다시 말할 것이 없거니와 일을 표기하자면 그 일의 사연을 자세히 말로 이야기를 하여야 될지라.

「국문론」은 22세의 청년이 쓴 글이라고는 믿어지지 않을 정도로 훌륭한 것이다. 전편에는 오늘날 읽어 보아도 별로 흠잡을 데가 없는 당당한 문자론이 전개되어 있고 후편에는 그가 생각하고 있던 맞춤법에 관한 구체적인 방안들이 제시되어 있다. 후편의 내용에서 특히 주목되는 것은 가령 '강江'이나 '산山'과 같이 이미 우리말이 된 것은 국문으로 써도 좋지만 그렇지 않은 한자의 음을 국문으로 써 놓으면 한자 모르는 사람은 말할 것도 없고 그것을 아는 사람도 그 뜻을 알아맞히기 어려움을 지적한 점이다. 당시의 이른바 국한문혼용체가 한문에 국문으로 토를 단 것이었고 국문체란 것도 이것을 그대로 국문으로만 옮겨 놓은 것이 많았음을 비판한 것이다. 언문일치의 가장 기본적인 문제를 지적한 매우 중요한 발언이다. 그리고 명사 또는 대명사의 예를 들어 이들과 조사를 구별하여 표기할 것을 주장한 점도 주목된다. '이거시'라 쓰는 것은 문법을 모르기 때문이요 마땅히 '이것이'라 써야 한다는 것이다.

주시경은 스스로 국어를 배우려면 먼저 자기 나라의 언어와 문자가 백성과 나라에 대해 어떠한 관계를 갖는가를 탐구해야 한다고 지적한다. 특히 주목해야 할 것은 주시경의 놀라운 지적 탐구력이다. 이것은 그가 배재학당에서만 과를 바꾸어 세 차례나 다녔으며, 1900년에는 낮에는 상동尙洞 사립학숙私立學塾에 국어문법과를 설치해 교수하고, 밤에는 수진동壽進洞의 흥화학교興化學校에서 양지과量地科를 수학해 졸업한 사실에서도 잘 나타난다.

뿐만 아니라 그는 그 무렵 이화학당의 영국인 의학박사에게 영어와 의학을 배웠고, 의학박사에게 한글을 가르쳐주기도 했다. 또 외국어학교에서는 일본어와 중국어 강의를 수시로 수강했다. 국어국문 이외에 식물학, 기계학, 종교학을 독학했을 뿐만 아니라 1905년 이후의 애국계몽운동 기간에는 이미 저명한 국어학자이며 애국계몽사상가임에도 불구하고, 1906년 11월부터 1909년 12월까지 수리학자 유일선柳一宣이 경영하는 창동倉洞의 정리사精理舍라는 사립학교 야학에서 수리학을 공부했다. 이렇듯 놀라운 지적 탐구력과 학문적 성실성에 기초한 광범위한 독서와 연구를 통해 주시경의 독자적 사상이 발전했으며, 그 위에서 국문 연구도 진전되었다.

배재학당에서 신학문을 배우다

배재학당은 1885년 미국의 북감리회北監理會 선교부 선교사 아펜젤러 Appenzeller가 세운 외국인이 설립한 우리나라 최초의 근대교육기관이다. 아펜젤러는 1885년 6월 21일 인천으로 두 번째 입국해 7월 19일 서울

배재학당의 교사와 학생들

에 들어와서 이미 한 달 먼저 입국해 있던 의사 스크랜턴Scranton의 집을
산 뒤, 방 두 칸 벽을 헐어 작은 교실을 만들었다. 같은 해 8월 3일에 이
겸라李謙羅·고영필高永弼이라는 두 학생과 함께 수업을 시작했다. 이때 폴
크Foulk 공사公使는 고종에게 아펜젤러에 관해 아뢰며, 그가 영어학교를
설립할 생각을 가지고 있다고 전했다.

　당시 고종은 아펜젤러가 두 학생에게 영어를 열심히 가르치고, 또 앞
으로 여러 학생을 교육할 학교를 세울 뜻이 있다는 말을 듣고 곧 학교 사
업을 허락했다. 고종은 1886년 6월 8일 인재를 배양하는 '배재학당'이라
는 교명과 학교 간판을 내려주었다.

　당대의 명필 정학교丁學喬에게 학교 간판을 쓰게 하고, 외무아문外務衙

門의 김윤식金允植에게 이 간판을 하사하도록 했던 것으로 미루어 보아 고종은 배재학당에 대해 관심을 컸던 것 같다. 당시 개교 상황을 아펜젤러는 다음과 같이 말한다.

일종의 전초전前哨戰 모양으로 우리의 선교학교는 1886년 6월 8일에 시작되어 7월 2일까지 수업이 계속되었는데, 학생은 6명이었다. 오래지 않아 한 학생은 시골에 일이 있다고 떠나 버리고, 또 하나는 6월은 외국어를 배우기에는 부적당한 달이라는 이유로 떠나 버렸으며, 또 다른 학생은 가족에 상사喪事가 있다고 오지 않았다. 이들의 빈자리는 자원해 오겠다는 학생들로 채워졌다. 10월 6일인 지금은 재학생이 20명이요, 실제 출석하고 있는 학생 수는 18명이다.

이렇게 출발한 배재학당은 날로 늘어가는 학생을 수용하기 위해 큰 교사校舍가 필요했다. 그리하여 1887년에는 미국인의 선물로 르네상스식 벽돌집이 완성되었다. 배재학당은 학생들에게 대가代價를 낼 줄 모르는 사람에게는 도움을 줄 수 없음을 깨닫게 하기 위해 학생자조정책學生自助政策을 채택했다. 따라서 1888년에 자조부自助部가 설치되어 학교 구내를 돌보고 지키는 일을 학생들이 맡았다.

배재학당은 기독교 정신과 개화사상에 근거해 근대 교육을 시작했다. 즉, 유교적 구습에 사로잡힌 한국인을 무지에서 해방시켜 근대 문명의 지식을 주고 과학을 이해하도록 해 사회와 국가에 봉사할 수 있는 일꾼을 기르는 데 목적을 두었다. 따라서 배재학당에서는 성경과 영어를 비롯해 인문·사회·자연과학 등의 교과목을 가르쳤다.

길모어Gilmore는 1892년에 배재학당을 포함한 기독교 학교의 교육용구教育用具에 대해 다음과 같이 적고 있다.

지리와 역사 공부에 필요한 지도地圖와 괘도掛圖며, 물리와 화학의 실험기구며, 작은 망원경과 현미경 이외 기타 실험기구가 요청된다. …… 그리고 소규모의 천문대는 학생들의 흥미를 일으키는 데 많은 도움이 될 것이다.

교과목은 한문·영어·천문·지리·생리·수학·수공·성경 등이었는데, 영국인 비숍 여사에 따르면 1897년 배재학당의 규모와 교과목은 다음과 같다.

한국에서 가장 강력한 교육적·도덕적·지적 영향을 미쳐 왔고, 또한 현재까지도 미치고 있는 기관은 배재학당이다. …… 이에는 한문 고전古典과 셰필드Sheffield의 만국역사萬國歷史를 가르치는 한문－국문과가 있고, 소규모의 신학과神學科와 독법讀法·문법·작문·철자법·역사·지리·수학, 그리고 화학과 자연철학을 가르치는 영문과가 있다.

이러한 교과목 외에도 배재학당에서는 체육시간에 서양식 운동인 야구·축구·정구·농구 등도 소개했다. 또 특별활동 시간에는 연설회·토론회 등을 장려했다. 교내 변론회辯論會를 조직하고 시국문제를 토론하는 것은 마치 기성인들이 독립협회에서 활동하던 양상과도 같았다. 당시

『독립신문』에서는 배재학당의 연설 공부를 다음과 같이 말한다.

> 배재학당 학도들이 학원 중에서 협성회를 모아 일주일에 한 번씩 의회원
> 규칙을 공부하고 각색 문제를 내어 학원들이 연설공부들을 한다니 우리
> 는 듣기에 너무 즐겁고 이 사람들이 의회원 규칙과 연설하는 학문을 공부
> 해 조선 후생원들에게 선생들이 되어 만사를 규칙이 있게 의논하며 중의
> 를 맡아 일을 걸쳐 하는 학문들은 퍼지게 하기를 바라노라.

배재학당의 수업료는 매월 세 냥이었고, 학비가 없는 학생에게는 일
자리를 주어 자신의 힘으로 돈을 벌게 해 자립정신을 길러 주려 했다.
학기말 시험은 매년 2차로 정하고 성적 평가는 100점 만점으로 했다.
성적표는 직접 학부형이나 보호자에게 보냈다. 배재학당에서는 처음부
터 학생들에게 의무적으로 신앙을 강요하지 않았지만, 학교생활에서나
가르치는 모든 학과에서 의식 혹은 무의식적으로 복음을 전하려 노력
했다.

배재학당이 학당훈學堂訓으로 '욕위대자당위인역欲爲大者當爲人役', 즉 크
게 되려는 사람은 마땅히 남에게 봉사하는 사람이 되어야 한다는 것을
내세운 것도 "너희 중에 누구든지 크고자 하는 자는 너희를 섬기는 자
가 되고, 너희 중에 누구든지 으뜸이 되고자 하는 자는 너희 종이 되어
야 하리라", "인자가 온 것은 섬김을 받으려 함이 아니라, 도리어 섬기
려 하고 자기 목숨을 많은 사람의 대속물로 주려 함이니라"(마태복음 20장
26~28절)는 예수의 교훈에서 가져온 것이다. 이 당훈은 배재학당의 정신

배재학당과 미이미 인쇄소(기와집)

이자 교육의 목표이며, 실천이고 또 생활이 되었다.

　구한말 배재학당의 문화활동을 살펴보면, 1889년에는 중국에서 오래 선교 활동을 하던 올링거Ohlinger를 불러 활판소活版所를 관리하고 한글 활자를 주조해 성서를 인쇄했을 뿐 아니라 1897년에는 『조선 그리스도인의 회보』를, 1896년에는 『독립신문』을 출판했고, 1898년에는 학생의 기관지 『협성회회보』를 발행했다. 또한 그해에 일간신문으로 『매일신문』을 발행했고, 1892년에는 목각木刻으로 『천로역정天路歷程』을 발행했는데, 주조 활자를 학당에서 만들기 이전이었다.

　이처럼 배재학당은 구한말에 교육구국운동의 선구적 역할을, 일제강점기 36년 동안에는 민족의식과 정의감을 굽히지 않고 용감히 항쟁했으며, 한글을 끝내 지켜냈을 뿐 아니라 한국의 민족운동을 해외에까지 선전하는 역할을 담당했다.

주시경에게 배재학당 시절은 신학문을 접할 수 있는 절호의 기회였다. 앞에서도 말했듯이 어려운 환경 속에서 도중에 인천부 관립 이운학교 속성과 장학생으로 선발되어 졸업했으나 해운계로의 진출이 무산되고, 1896년 4월 다시 배재학당 보통과에 입학했다. 김선기의 기록을 통해 당시 경제적으로 어려웠던 주시경의 재학시절을 살펴보자.

학당學堂에 입학 수학修學할새 산같이 무거워 말이 없으나 오히려 그 부리의 드러남이 잇고 시세時勢에 대한 남다른 깊은 걱정과 앞으로 나가려는 날카로운 기개氣槪가 무리에 벗어나는지라 또래가 운대 크게 추중推重을 입더라.

그러나 이러케 공부하는 동안도 결코 생활이 평탄치 아니하얏나니 혹 고용雇傭사리도 하고 혹 인쇄직공 노릇도 하며 학자學資에 몰려 이루 상상할 수 없는 난고難苦를 겪으면서도 흔연欣然히 천신만고千辛萬苦를 받으며 뜻을 지려砥勵하며 학업에 나아가니 탄상嘆賞치 아니하는 이 없더라.

이처럼 주시경은 1895년 배재학당에 입학해 신학문을 배우며 폭넓은 지식을 쌓았고 일생을 한글 연구에 심혈을 기울여 겨레의 얼을 되살리고자 노력했다. 재학 시절 경제적으로 궁핍했던 그는 학비를 마련하기 위해 배재학당 내에 마련된 삼문출판사三文出版社 미이미美以美 인쇄소에서 고학생 시간제 직공으로 일했다. 삼문출판사는 아펜젤러가 기독교문서

보급과 학생들의 자립정신을 키우기 위해 설립한 것으로, 그곳에서 인쇄된 각종 기독교서적, 교회정기간행물과 신문들은 그의 교열과 수정작업을 거쳐 출판되었다.

전덕기 목사

주시경은 1900년 배재학당 보통과를 졸업하면서 세례를 받고 정식 기독교인이 되었다. 이후 그는 선교사 어학 교사로 생활하면서, 정동 보구여관保救女館(1889년 설립된 한국 최초의 여성전용병원 안에 설립된 간호원 양성학교) 교사 겸 사무원으로 근무했고, 정동교회에 출석하면서 1902년에는 정동교회 월은청년회 인제국장구제·구휼 담당 임원으로 활약하는 등 기독교 선교 사업에도 깊이 관여했다.

배재학당 입학 전부터 가지고 있던 한글의식과 신앙생활이 한글운동으로 심화된 것은 주시경이 1904년 상동청년학원 교사로 부임하면서부터다. 당시 상동교회와 상동청년회에는 전덕기全德基를 중심으로 많은 민족운동가들이 모여 있었고, '경천애인'敬天愛人을 교육이념으로 하는 상동청년학원(설립자 전덕기, 초대 교장 이승만)을 설립했다. 주시경은 이 청년학원에서 설립 당시부터 교사로 근무했는데, 전덕기 목사와 시작된 교분은 목사가 별세할 때까지 지속되었다. 당시 주시경은 절도 있고 엄격한 신앙생활을 한 것으로 전하며, 그의 소외계층인 민중과 민족에 대한 관심도 더욱 깊어졌다.

한편 주시경은 말년에 대종교로 개종한 것으로 전한다. 주시경은 기

상동교회

독교와 서양 학문을 동시에 접하고 서양 학문의 과학성과 실천적 측면에서 큰 영향을 받았다. 그런데 을사보호조약을 전후로 일부 선교사들이 교회의 비정치화를 강조하기 시작했고 1906년경 선교사에 의해 상동청년회가 해산되었으며 또한 기독교인의 민족운동 참여가 쇠퇴하는 상황에 실망해, 보다 적극적인 민족운동을 전개하려는 생각에서 개종했을 가능성이 크다. 그의 개종 시기는 민족주의자들이 집단적으로 대종교로 개종했던 일제강점 전후의 시기로 추정된다. 일제강점 이후 대종교 지도자들이 대부분 만주로 망명해 그곳을 근거로 무장투쟁을 전개했다.

주시경 역시 1914년에 해외 망명을 준비하다 급서했다는 사실에 비추어 볼 때, 그의 망명 계획도 대종교와 관련 있을 것으로 보인다.

그러나 그의 개종이 과연 내적·신앙적 차원이었는지는 불분명하다. 주시경이 세상을 떠날 때까지 상동청년학원, 공옥학교, 배재학교, 이화학교 등 기독교 계통 학교 교사로 꾸준히 활동했으며, 장례식 또한 상동교회에서 거행되었기 때문이다. 분명한 것은 마지막까지 교회와 밀접한 관계를 맺고 있었다는 것이다.

협성회 활동에 참여하다

1896년 배재학당 학생이 중심이 되어 대중계몽을 목적으로 하는 협성회協成會라는 학생운동단체를 조직했다. 1895년 12월 말, 12년 만에 미국에서 귀국한 서재필은 아펜젤러의 초대로 1896년 5월 21일부터 매주 목요일마다 배재학당에서 세계지리·역사·정치학 등의 특강을 했는데, 이때 강의에 자극을 받은 13명의 학생이 중심이 되어 조직했다. 설립의 목적은 첫째 충군애국지심忠君愛國之心을 기르고, 둘째 회원의 친목을 도모하며, 셋째 서로 협조해 학습과 선행을 이루며, 넷째 전국 동포를 계몽하자는 것이었다.

이후 협성회는 일반인의 입회가 허용되면서 학생단체에서 사회단체로 성격이 변화했고, 1898년에는 회원수가 300여 명으로 증가했다. 그리고 독립협회와 『독립신문』의 계몽사상과 입헌군주제의 실천을 구현하기 위한 사회운동단체로 변모했다. 1898년 2월 임원진은 회장 양홍묵

이승만이 편집을 맡았던 『협성회회보』

梁弘黙, 부회장 노병선盧炳善, 서기 이승만李承晩이었으며, 그 뒤 이익채·유영석·이승만·한치유韓致愈 등이 회장직을 맡았다.

토론회는 서재필이 강의를 시작한 지 반년 후부터 민주적인 정치역량을 키우기 위해 학생들 자치적으로 운영하도록 장려한 데에서 자극받아 개최되었다. 그 뒤 토론회는 더욱 활성화되어 주제는 크게 자주독립·자유민권·자강개혁이엇다.

자주독립에 대해서는 자주독립론 관계 3회, 자립경제론 관계 2회, 자주외교론 관계 2회 등 7회에 걸쳐 토론되었고, 자유민권에 대해서는 자유평등론 관계 6회, 평등권론 관계 4회, 국민주권론 관계 4회 등 14회에 걸쳐 토론되었으며, 자강개혁에 관해서는 제도개혁론 관계 2회, 국방론 관계 2회, 사회관습개혁론 관계 6회, 신교육론 관계 4회, 산업개발론 관계 8회, 자강개화론 관계 4회, 국학진흥론 관계 3회 등 29회에 걸쳐 토론되었다.

당시 토론회에 대한 국민들의 관심은 매우 커서 많은 청중들이 모였으며, 열띤 토론이 전개되었다. 그래서 협성회는 토론회라고도 불리었다. 이러한 토론회는 다른 사회단체와 지방에도 영향을 끼쳐 토론이 대중화·다양화되었다. 협성회 토론회에서 다룬 주제는 학교를 세워 인민을 교육한다거나, 언론을 통해 인민을 계몽한다거나, 마을마다 우체국을 설치해 편지를 주고받을 수 있도록 한다거나, 의회를 설립하는 정치제도의 개혁 등 근대 시민사회의 필수적인 요소가 망라되어 있었다.

협성회는 토론의 내용을 홍보하기 위해 기관지 『협성회회보』를 1898년 1월 1일부터 발행했다. 그 뒤 4월 9일부터는 일간으로 바꾸어 『매일신문』이라는 이름으로 발행하였는데, 이것이 일간신문의 효시가 되었다. 약 1년 3개월간 발간된 두 간행물은 민족여론을 창도하고, 민족을 계몽하는 데 크게 이바지했다. 이렇듯 협성회는 토론회와 출판사업을 통해 여러 차원에서 민족문제를 제기해 민족을 각성·계몽시키고, 민족의식과 자주독립정신을 사회적으로 확산시키는 역할을 했다. 협성회의 토론회와 출판 활동은 개화기의 민족의식과 계몽사상 확산에 영향을 미쳤으며, 서재필을 중심으로 독립협회와 만민공동회가 탄생하는 진원지가 되었다. 배재학당 재학 당시 주시경의 역동적인 활동에 대해서는 김선기의 글에 잘 나타나 있다.

배재학당 재학시에는 동문생으로 더부러 협성회를 조직하엿으며 독립신문사 재직중에는 동업자와 한가지 국문동식회를 경영하얏으며 상동에 청년학원이 설립되며 국어문법과를 특설하게 해 당시 의학교에 친지가 잇으며 그 안에 국어연구소를 두며 밤에는 야학 일요에는 일요강습소를 설립하며 학부중에 국문연구소가 되며 그 연구에 중추中樞가 되며 외인 사이에 한어연구회가 설립되매 그 변난의 표준이 되며 공사립학교에 국어과정을 교수케하고 자담自擔하야 근원을 배양喬養하는 운동을 열매 조선광문회가 설립되며 조선언문에 관한 문서교정과 사전편찬의 지도에 힘쓴 것이며 자가반생自家半生의 연구의 근저根底 잇는 운동을 삼으려고 조선어강습원을 창립하야 영준英俊을 모아 교도에 뜻을 다한 것들이니라.

주시경은 협성회에 가입해 처음에는 협성회의 전적典籍 겸 『협성회회보』 저술위원으로 가담했고 이후 제의提議라는 간부로 활동했다. 창간 시 회장은 이익채, 신문을 전담한 회보장會報長은 양홍묵, 주필에는 이승만이 취임했다. 회보는 4호 활자, 2단 4면으로 지면배정은 1면이 논설, 2면은 내보內報, 3면은 외보外報, 4면은 회중잡보會中雜報와 광고 등으로 구성되었다.

회보의 발행 목적은 동포의 이목을 열어 내, 외국의 형편을 널리 알리고, 2,000만 동포가 일심협력하며 국권과 민권을 지키도록 북돋우기 위한 것이다. 발행소는 배재학당 제1방에 두고 학생들이 번갈아 취재와 편집·교정을 보았고, 학당 구내에 마련된 인쇄소에서 신문을 찍어냈다. 회보는 최종호인 제14호까지 한 번도 빠짐없이 논설을 게재했는데 논설에서는 학문의 필요성을 비롯해 자기직분에 충실할 것, 아동교육의 중요성, 매관매직과 탐관오리의 격퇴 등을 주장했다. 이러한 주장은 모두 주시경의 손을 거쳐 활자화되어 일반 대중에게 전해졌다.

서재필을 만나다

주시경은 1894년 배재학당에 입학해 신학문을 접하면서 본격적으로 국어학을 연구한다. 이후 그는 서재필과의 만남을 계기로 독립협회 운동에 관여해 『독립신문』을 통해 국문과 새로운 사상을 알리는 데 앞장섰다.

독립협회는 1896년 서울에서 조직되었던 사회정치단체로 1896년 7월부터 1898년 12월에 걸쳐 열강에 의한 국권 침탈과 지배층에 의한 민권 유린의 상황 속에서, 자주국권·자유민권·자강개혁사상에 의해 민족주의·민주주의·근대화운동을 전개한 우리나라 최초의 근대적인 사회정치단체이다.

독립협회는 당시 사회에서 누구나 공감할 수 있는 자주독립과 충군애국忠君愛國의 강령을 내걸었다. 구미파의 총본산인 정동구락부貞洞俱樂部 세력, 갑오개혁의 주동 인물들의 모임인 건양협회建陽協會 세력, 자주개화정책을 추구하는 실무급 중견관료층 세력 등 당시 형성되고 있던 각계각

층의 신흥사회세력을 배경으로 해 설립되었다.

신흥사회세력의 하나는 신지식층이었다. 개항 이래로 해외 시찰·해외 유학·신교육·신문과 서적 등을 통해 근대사상을 수용하는 과정에서 새로운 세계관과 지식 체계를 가진 신지식층이 성장하고 있었다. 이들은 근대시민사상에 깊은 영향을 받은 서구적 지식층과 동도서기사상東道西器思想에서 발전한 개신유학적 지식층으로 구분된다.

신흥사회세력의 다른 하나는 시민층이었다. 이 무렵 시전市廛 상인은 근대 상인으로 개편되어 갔으며 각종 상회와 회사가 출현하면서 시민계층이 성장해갔다. 시민층은 열강의 경제적 침탈로부터 그들의 권익을 수호하고, 전근대적 속박으로부터 벗어나려는 강한 의지를 지니고 있었다.

신흥사회세력 가운데 독립협회의 지도적 구실을 담당한 것은 신지식층이었다. 서구 시민사상에 깊은 영향을 받은 서재필徐載弼·윤치호尹致昊·이상재李商在 등이 최고지도층을, 개신유학의 전통을 이어받은 남궁억南宮檍·정교鄭喬 등이 중간 간부층을 이루고 있었다. 이들은 대변지『독립신문』·『독립협회회보』·『황성신문』 그리고 토론회와 강연회 등을 통해 새로이 성장하고 있는 광범위한 사회세력을 계몽·포용하고 그들의 지지를 받으며 독립협회를 민중단체로 발전시켜 나갔다.

서재필은 1884년 개혁과 자주적 근대국가 건설을 지향한 갑신정변에 실패하고 일본으로 망명한 다음, 다시 미국으로 건너가 시민권을 얻은 개화사상가이다. 그는 조지워싱턴대학 의과대학에 들어가 의학을 공부했으며, 졸업한 뒤에는 다시 가필드병원에서 세균학을 연구해 박사학위를 취득했다. 1895년 12월 귀국 직후 서재필은 갑오개혁에 의해 입법기관으로 설치된 중추원中樞院 고문에 임명됐다. 그는 갑신정변의 실패를 통해 '위로부터의 개혁'이 아닌 '밑으로부터의 실질적인 개혁'의 중요성을 깨닫게 되었다.

서재필

서재필의 주된 관심은 정치 참여보다는 국민계몽에 있었다. 그것은 당시 서재필이 "우리나라의 독립은 오직 교육, 특히 민중을 계발함에 달렸다는 것을 확신했기 때문에 우선 신문 발간을 계획했다"고 말한 데서도 잘 알 수 있다. 그는 국민계몽의 수단으로서 '벼슬을 하지 않고 민중교육의 의미로 신문을 발간해 정부가 하는 일을 국민들이 알게 하고, 다른 나라들이 조선에서 무엇을 하고 있나를 일깨주는 일을 하기 위해' 우선 대중신문의 발간을 계획하고 추진했다. 그는 정부에 건의해 보조금을 받고 개화파 인사들의 후원 아래, 1896년 4월 7일 우리나라 최초의 민간 대중신문인『독립신문』을 창간했다.

윤치호

『독립신문』은 가로 22cm, 세로 33cm의 평판 중형의 크기로 4면 발행되었는데, 1면과 2면은 논설·관보·잡보·외국통신, 3면은 광고를 순 한글로 실었고, 4면은 영문으로 논설을 비롯한 국내 정치활동을 소개했다. 당시 한문을 진서眞書로 생각하고 있던 때

이상재

에 순 한글로 발행한 것은 '우리 신문이 한문을 아니 쓰고 다만 국문 한글로만 쓰는 것은 상하귀천이 다 보게 함이라'고 『독립신문』 창간사에서 밝힌 것처럼 한문을 모르는 대다수 국민들도 쉽게 읽을 수 있게 하기 위해서였다. 또 같은 글에서 '한문만 늘 써버릇하고 국문은 폐한 까닭에 국문만 쓴 글을 조선 사람이 도리어 잘 알아보지 못하고 한문을 잘 알아보니 그게 어찌 한심하지 아니하리오'라는 탄식에서도 잘 드러나듯이, 우리말과 글을 범용하게 하려는 어문 민족주의적 의도도 있었다.

주시경이 일생을 통해 가장 크게 감명 받은 것은 10년 만에 다시 돌아온 서재필의 귀국 연설이었다. 서재필은 귀국 후 국내정세를 관찰하면서 국민계몽운동의 필요성을 절감하고 다음과 같이 말했다.

동포 여러분! 그립던 조국 땅에 다시 발을 디디니, 모든 것이 꿈만 같습니다. 이제 우리나라도 백성들의 손으로 뽑은 백성들의 대표자를 정치에 참가시키고, 평등한 권리를 가진 백성들의 행복을 위해 정치를 해야 할 때가 왔습니다.

지금까지처럼 임금이 마음대로 할 수 있는 정치제도 밑에서는 아부하는 신하들만이 권세와 영화를 누리며 백성들을 괴롭혔습니다. 이제부터는 서양의 새 지식을 용감하게 받아들여 앞서가는 나라를 하루 빨리 따라가야 합니다. 침략 세력을 막아내고 우리가 다 잘 살려면 먼저 새 학교를 세워야 합니다. 사람들의 눈을 뜨게 하는 것이 제일 시급한 문제입니다.

여러분! 여기에 모인 여러분들은 모두 천 사람 만 사람을 맡아 가르치고, 우리들의 앞길을 가로막는 어리석은 무리들과 부패한 관리들을 상대로 싸워야 합니다. 그래야만 우리나라가 일어설 수 있습니다.

서재필의 연설은 주시경의 가슴을 울렸다. 그리고 이후 『독립신문』의 발간 작업을 비롯해 배재학당 학생들을 중심으로 협성회를 조직하는 등 두 사람의 동지적 관계는 더욱 발전했다.

『독립신문』은 특히 논설을 중요시했는데, 논설을 통해 정치·경제·사회·문화 등의 근대사상과 제도를 소개해 국민을 계몽하고, 자주 독립 정신을 고취하고 싶었기 때문이다. 따라서 『독립신문』 논설에서는 '백성 마다 각자 하느님이 주신 권리가 있는데 그 권리는 아무라도 빼앗지 못 하는 권리요, 그 권리를 가지고 백성 노릇을 잘해야 그 나라 임금의 권 리가 높아지고 전부 지체가 높아지는 법'이라고 하는 천부인권설天賦人權 說에 바탕을 둔 서구 민권 사상을 소개했다. 그리고 '나라가 지탱하는 것 은 법률 하나 가지고 지탱하는 것이거늘 아무나 나라 백성을 임의로 잡 아 가두고 재판 없이 형벌을 한다든지 연고 없이 무한하게 구류하는 것 은 나라 법률을 멸시하고 임의로 천단하는 것'이라고 하면서 무릇 나라 의 모든 일은 법으로 처리해야 한다는 근대적 법치주의의 실천을 강조 했다.

이 밖에도 『독립신문』에서는 열강의 이권 침탈에 반대해 주권 수호를 주장하면서 자주 독립의식을 고취하는 등 '국민의 권리와 나라의 자주 독립을 주장'하는 논설을 자주 실었다. 뿐만 아니라 각종 강연과 토론회 에서 서양의 사정과 세계의 형편을 알려주는 한편 자유 민주주의를 전 파해 봉건 백성을 근대 국민으로 거듭나게 하려고 했다. 나아가 나라의 독립을 지키기 위해서는 전제 군주제를 입헌 군주제로 개혁하고, 의회를 설립해 여기에서 외국과의 조약을 감독하고 비준하는 권한을 가져야 열강의 침략을 막고 국민의 자유 민권도 신장된다고 주장했다.

이처럼 서재필은 자유주의와 민주주의적 개혁 사상으로 민중을 계몽하고자 했다. 자각된 민중의 힘으로 조국을 '자주독립의 완전한 국가'로 만들기 위해서 독립협회를 창립했던 것이다. 서재필이 같은 목적에서 창간한 『독립신문』은 독립협회 창립의 원동력이 되었다.

열정적인 독립협회 활동

독립협회 운동은 크게 네 시기로 나누어 볼 수 있다.

제1기는 1896년 7월 2일 독립협회의 창립으로부터 토론회를 개최하기 이전인 1897년 8월 28일까지이다. 이 시기는 창립 사업기 또는 고급관료 주도기로 서재필의 지도 아래 독립문·독립관·독립공원의 조성 등 창립사업에 주력하였다. 자주독립의 기념물 건립을 위한 창립사업은 커다란 공감을 일으켰다. 독립협회는 사회 일반의 참여뿐 아니라 관료와 왕실의 지원을 받아 짧은 기간에 거대한 사회단체로 부각되었다. 거의 모든 고급관료와 다수의 일반민중이 독립문 건립 보조금을 냈고 독립협회의 회원이 되었다.

창립총회에서 선임된 임원진은 고문에 서재필, 회장에 안경수安駉壽, 위원장에 이완용李完用, 위원에는 김가진金嘉鎭·김종한金宗漢·이상재 등 8명, 간사원에는 송헌빈宋憲斌·남궁억 등 당시 국내에서 영향력 있는 인사들이 참여하였다. 1896년 말에는 회원수가 2,000명을 돌파했으나 이

독립문

시기에는 일반민중 회원은 아직 표면에 나서지 못하고, 독립협회는 개혁파와 보수파 고급관료의 주도 아래 있었다. 이 시기의 독립협회는 고급관료의 사교 모임의 성격을 띠고 있었다.

제2기는 독립협회가 정기적인 토론회를 시작한 1897년 8월 29일부터 독립협회의 구국선언 이전인 1898년 2월 20일까지로 민중계몽기 또는 민중진출기이다. 서재필·윤치호의 지도 아래 토론회와 강연회를 통해 회원들에게 효과적인 의사 표현의 방법과 민주적인 행동 성향을 체득하게 했다. 다른 한편으로는 일반민중을 새로운 지식과 교양으로 적극 계몽해 독립협회 안에 민중의 진출이 뚜렷해진 시기이다. 특히 토론회는 독립협회의 활성화에 중요한 역할을 했다. 1897년 말기, 독립협회 토론회와『독립신문』은 러시아인 재정고문 고용문제와 관련해 보수파 정권의 외세의존 정책을 비판하였다. 이 때문에 보수적 관료층은 독립 협회에서 점차 이탈하게 되었고, 독립협회는 개혁파 관료들과 재야·신 지식층이 주도하는 민중적 사회단체로 바뀌어 갔다. 직제도 크게 개편 되어 위원장제를 없애고 회장·부회장·서기·회계·제의提議 등 상설 직 제를 두고, 상임집행부의 기구와 권한을 강화해 바로 회중과 연결되도 록 했다.

독립협회는 제1기와 제2기를 통해 창립사업과정에서 민중의 지지기 반을 확보하면서『독립신문』과『독립협회회보』등 언론과 출판 활동으 로 여론 조성의 기틀을 마련했다. 또한 협성회·광무협회와 같은 학생단 체에 의한 대중동원 체제를 확보했으며, 토론회·강연회를 활성화해 국 권·민권·애국사상을 고취했다. 이 시기에는 민중의 정치운동을 위한 준비단계로서 민중 계몽·민력 조성·민력 단합의 길을 닦아나갔다. 이 단계의 독립협회는 사회계몽단체 또는 관민합동의 애국단체였다고 말 할 수 있다.

제3기는 독립협회가 구국운동을 선언한 1898년 2월 21일부터 김홍 륙독다사건金鴻陸毒茶事件 이전인 9월 10일까지로 민중운동기 또는 민중주 도기이다. 구국운동을 선언하고 만민공동회萬民共同會를 개최해 독립협회 가 민중의 정치활동을 통해 민의를 국가 정책에 반영한 시기이다.

이 시기에는 외세의 이권 침탈과 내정 간섭을 민중의 힘으로 배제하 려는 국익·국권·국토 수호를 포괄하는 자주국권운동과 전근대적인 압 제와 수탈로부터 신체와 재산권의 자유 등 인권을 보장하려는 자유민권운동, 그리고 민권의 신장과 국권의 강화를 위해 관민의 합력기구로서 의회 설립을 추구한 국민참정운동이 전개되었다. 회원은 관료층이 대부분 퇴진하고 재야인사들이 주류를 이루었다. 임원진도 개편되어 회장에 이완용, 부회장 겸 회장 대리에 윤치호, 서기에 남궁억, 회계에 이상재·윤효정尹孝定, 제의에 정교·양홍묵·이건호李建鎬, 사법위원에 안영수安寧洙·강화석姜華錫·홍긍섭洪肯燮 등 개혁파 중심 체제로 전환되었다.

또 이 시기에는 국권·민권운동의 담당 세력도 만민공동회를 계기로 독립협회 회원 중심에서 민중체제로 전환되는 양상을 띠었다. 집요한 민중운동은 정부와 심한 대립을 초래해 서재필은 다시 미국으로 추방되었다. 이 당시 독립협회는 정치집단으로서 재야정치세력의 선도적 구실을 담당했으나, 정부에 정면으로 도전해 민권을 쟁취하는 단계에는 이르지 못하고 정부와 협력해 외세를 막고 관인을 깨우쳐 민권을 보호하는 데 머물렀다. 이 시기에는 협성회와 광무협회 외에도 공주의 독립협회, 인천의 박문협회博文協會·찬양회贊襄會·보민협회保民協會·황국중앙총상회皇國中央總商會 등 다수의 독립협회 지지단체들이 설립되었고, 독립협회의 반대세력인 황국협회도 등장했다.

제4기는 김홍륙독다사건이 발생한 1898년 9월 11일부터 민회 금압령이 내려진 같은 해 12월 25일까지로 민중투쟁기 또는 민권투쟁기이다. 독립협회·황국중앙총상회·만민공동회를 중심으로 한 민중이 김홍륙 일당의 고종암살미수사건을 계기로 국왕과 정부에 정면으로 도전해 민주주의의 기본적 자유를 쟁취하고 입헌대의정치를 추구했던 관권 대 민권의 투쟁기였다.

이 시기에 독립협회는 민중과 더불어 보수내각을 붕괴시키고 진보내각을 구성하도록 했으며, 언론·집회 자유의 투쟁을 승리로 이끌고 관민공동회官民共同會를 열어 인민헌의안人民獻議案을 수락하게 했고, 민선의회民選議會의 성격이 가미된 중추원 관제를 공포하도록 해 인민참정권을 공인하게 하는 등 민권투쟁에 괄목할 만한 성과를 거두었다. 그러나 독립협회의 공화제 추진설을 거짓 유포한 보수파의 반동적인 익명서사건匿名書事件으로 개혁내각이 붕괴되고 의회 설립운동이 좌절되면서 민중의 정부에 대한 불신이 심화되었다. 이 사건을 계기로 국왕이 개혁정치의 실천을 약속했으나, 실천이 지연되면서 국왕에 대한 민중의 불신이 커졌다. 또한 만민공동회를 중심으로 민중들이 극한적인 투쟁을 벌여 혁명적인 상황에 놓이기도 했다.

이 시기는 재야인사 중 소장층 강경파가 주도적인 활동에 나섰다. 임원진도 회장에 윤치호, 부회장에 이상재, 서기에 박치훈·한만용韓晩容, 회계에 이일상, 사법위원에 남궁억·정교, 그리고 평의원 20명 등으로 구성되어 민중을 대변하는 체제로 완전히 전환되었다. 당시에는 종로 인화문 앞, 각 부 문전 등 옥외가 주된 활동무대였고, 독립관과 광통교 사무실은 옥외 투쟁의 기획실처럼 되었다. 이 시기의 독립협회는 4,000여 명의 회원과 전국적인 지회, 각종의 민권단체와 수많은 민중의 열띤 지지와 호응을 받은 전 국민의 대표기관으로 공인되었으며, 정부에 대해서는 강력한 정치적 압력단체가 되었다.

주시경은 서재필과의 만남을 계기로 독립협회 운동에 가담하고 특히 기관지인 『독립신문』의 제작에 깊이 관여하면서 우리글이 과학적 구조를 갖춘 완벽한 문자이면서도 어문조직, 표기체계, 철자법 등이 통일되지 않아 혼란이 빚어지고 있음을 간파하였다. 주시경은 즉시 『독립신문』 직원을 중심으로 국문동식회國文同式會를 조직해 이 문제연구에 진력했다. 그러나 주시경은 서재필이 추방당하자 곧바로 『독립신문』을 퇴직했다. 이후에는 영국 선교사 스크랜턴의 한국어 교사를 지내며 명신학교·이화학당·휘문의숙 등 10여 개 학교에서 강사로 국어교육에 힘을 쏟았다. 한국강제병합 이후에는 학교와 조선어 강습소를 통해 수많은 후학을 길러냈는데 이른바 '주시경학파'로 통칭되는 제자가 외솔 최현배를 비롯해 550여 명에 이른다.

『독립신문』 간행에 주도적으로

『독립신문』은 1896년 창간된 우리나라 최초의 민영 일간지로 국문판과 영문판으로 구성되었으며, 격일간지로 출발해 일간지로 발전했다.

1884년 갑신정변 실패 후 일본을 거쳐 미국에 망명한 서재필은 미국에 들른 박영효朴泳孝로부터 1895년 3월 1일자로 대역부도죄大逆不道罪가 사면되었다는 사실과 정권을 장악한 개화파 동지들이 자신의 귀국을 기다리고 있다는 사실을 전해 듣고 1895년 12월 26일 귀국했다.

김홍집金弘集 내각은 서재필을 외부협판으로 내정하고 입각을 교섭했다. 그러나 서재필은 정부의 외곽에서 국민에게 개화정책을 계몽하는 사업이 더 우선이라고 말하며 입각을 거절했다. 서재필은 갑신정변 실패의 주요 원인이 민중의 지지가 결여되었기 때문으로 보고 갑오경장의

박영효

유길준

성패 여부도 얼마나 국민의 지지를 받을 수 있는가에 달려 있다고 판단했다.

당시 갑오경장을 추진하던 개화파 정부는 여러 가지 개혁정책을 단행하면서도 일본 측의 방해로 독자적인 신문을 발행하지 못했다. 그들의 개혁정책을 국민에게 알려 지지를 얻기 위한 대중 매체로서의 계몽적 신문을 발행하는 것은 무엇보다 시급한 과제였다. 특히 내부대신 유길준俞吉濬은 1883년 박영효와 함께 『한성순보漢城旬報』의 창간 준비를 한 경험이 있었다. 또 직접 서양 여러 나라를 여행한 견문을 통해 신문의 중요성을 잘 알고 있었다. 이에 서재필과 유길준은 1896년 1월 하순에 새로운 신문사의 설립과 새 신문의 국문판과 영문판을 3월 1일 동시에 창간하기로 원칙적인 합의를 보았다.

김홍집 내각도 신문 창간 사업을 적극 지지하고 신문사 창설 자금과 서재필의 생계비를 정부 예산에서 지출하기로 결정하고 승인서를 서재필에게 교부했다. 뿐만 아니라 갑오경장을 추진한 개화파들은 신문 창간 사업을 지원하기 위해 서재필에게 월봉 300원의 거액을 지불하면서 그를 10년간 중추원 고문으로 임명했다. 그러나 1896년 2월 11일 아관파천俄館播遷이 일어나 김홍집 내각이 붕괴하고 유길준도 일본으로 망명해, 『독립신문』을 지원하던 큰 배후세력을 잃었다. 하지만 아관파천에 의해 몰락한 것은 친일적 개화파 뿐이었으므로 신문 창간 사업을 지원할 세력은 여전히 건재했다.

특히 박정양朴定陽·안경수·한규설韓圭卨·김가진金嘉鎭·김종한金宗漢 등을 비롯한 건양협회建陽協會의 잔여 세력과 민영환閔泳煥·윤치호尹致昊·이상재李商在·이채연李采淵 등을 비롯한 정동구락부貞洞俱樂部 세력이 서재필을 지원, 보호해 신문 창간 준비는 계속되었다. 아관파천 뒤 수립된 박정양 내각도 신문의 필요성을 인식하고 있었기 때문에 서재필이 신정부에 협조적인 태도를 보인다면 김홍집 내각이 승인한 신문 창간계획을 재확인받는 일은 어렵지 않았다. 박정양 내각은 서재필의 요청에 따라 유길준이 작성한 승인서를 재확인해 주었다.

정부 예산에서 신문사 설립자금으로 3,000원, 그리고 서재필의 개인 생계비와 가옥 임대를 위해 1,400원이 지출되었다. 서재필은 정부가 지출한 자금으로 일본 오사카大阪에서 인쇄기와 국문활자·한문활자·영문활자 등을 구입했다. 정동에 있는 정부 소유의 건물을 사옥으로 빌려 독립신문사를 설립하고 1896년 4월 7일에 창간호를 발행했다. 『독립신문』은 김홍집 내각과 서재필의 합작으로 출발해 박정양 내각과 서재필의 합작으로 결실을 보게 된 것이다. 창간 당시 『독립신문』은 가로 22cm, 세로 33cm의 타블로이드판 크기로 모두 4면이었다. 제3면까지는 국문판으로 제4면은 영문판으로 편집해 주 3회의 격일간지로 발행되었다. 제1면에는 대체로 논설과 신문사고, 제2면에는 관보·외국통신·잡보, 제3면에는 물가·우체시간표·기선출입항시간표·광고 등을 실었다.

영문판 『인디펜던트The Independent』는 사설editorial, 국내 잡보local items,

국·영문판 독립신문 창간호

관보official gazette, 최신전보latest telegrams, 국내외 뉴스요약digest of domestic and foreign news, 통신communications, 의견 교환exchanges 등으로 구분해 편집되었다.

『독립신문』은 창간호 사설에서 "만일 백성이 정부 일을 자세히 알고, 정부에서 백성의 일을 자세히 아시면 피차에 유익한 일이 많이 있을 터이요, 우리가 이 신문 출판하기는 취리하려는 게 아닌고로, 값을 헐하도록 했고, 모두 언문으로 쓰기는 남녀 상하 귀천이 모두 보게 함이요, 또 구절을 떼여 쓰기는 알아보기 쉽도록 함이라"고 밝혔다. 근대민족주의 사상, 민주주의 사상, 자주적 근대화 사상을 강조해 국민들을 교육, 계몽한 것에 그 특색이 있었다.

『독립신문』1896년 4월 7일자 창간사 내용은 다음과 같다.

우리가 독립신문을 오늘 처음으로 출판하는데, 조선 속에 있는 내외국 인민에게 우리의 주의를 미리 말씀해 아시게 하노라. 우리는 첫째, 편벽되지 아니한고로 무슨 당에도 상관이 없고, 상하 귀천을 달리 대접하지 아니하고, 모두 조선 사람으로만 알고, 조선만을 위해 공평히 인민에게 말할 터인데, 우리가 서울 백성만 위할 것이 아니라 조선 전국 인민을 위하여 무슨 일이든지 대언해 주려 함. 정부에서 하시는 일을 백성에게 전할 터이요, 백성의 정세를 정부에 전할 터이니, 만일 백성이 정부의 일을 자세히 알고, 정부에서 백성의 일을 자세히 아시면, 피차에 유익한 일만 있을 것이요, 불평한 마음과 의심하는 생각이 설명할 터이옴. 우리는 바른 대로만 신문을 할 터인 고로, 정부 관원이라도 잘못하는 이 있으면 우리가 말할 터이요, 탐관오리들을 알면 세상에 그 사람의 행정을 펴일 터이요, 사사로운 백성이라도 무법한 일을 하는 사람은 우리가 찾아 신문에 설명할 터이옴. 또 한쪽에 영문으로 기록하기는 외국 인민이 조선 사정을 자세히 모른즉, 혹 편벽된 말만 듣고 조선을 잘못 생각할까 보아 실상 사정을 알게 하고자 해 영문으로 조금 기록함. 그러한 즉 이 신문은 꼭 조선만 위함을 가히 알 터이요, 이 신문을 인연해 내외, 남녀, 상하 귀천이 모두 조선 일을 서로 알 터이옴.

『독립신문』이 강조한 것은 다음과 같다.
첫째, 자주독립과 애국심 그리고 국가 발전이었다. 당시의 정치체제는 군주국이었으므로 이것을 '충군애국'이라고 표현하고 있다. 여기서 충군은 곧 국가에 대한 충성을 의미한다. 이 신문에서 가장 강조한 것은 나라의 독립이다. 독립을 지키고 강화하기 위해서 국민 개개인의 애국심과 국가에 대한 충성을 강조한 것이었다. 둘째, 나라를 부강하게 하고 개화를 빨리 하려면 교육이 가장 중요한 일이라 보고 신교육의 긴급성과 중요성을 강조했다. 셋째, 국민들에게 처음으로 민주주의 사상을 가르쳐주고 국민 참정과 의회 설립의 필요성을 주장했다. 넷째, 공중도덕의 앙양, 국민적 단결, 중상모략의 폐풍 시정, 사회에 기여하는 생활 태도의 배양 등 사회 관습의 개혁을 강조했다. 다섯째, 나라의 힘이 산업의 근대적 개발에서 나오는 것임을 강조했다. 여섯째, 관료들의 횡포와 부정부패를 규탄하고 준법과 공정한 사회적 풍토 조성을 강조했다. 일곱째, 당시 우리나라를 둘러싼 국제정세가 위급함을 알려 국민적 각성이 없으면 자주독립을 잃을 위험이 있다고 끊임없이 경각심을 높여주면서 외세를 경계할 것을 강조했다.

이러한 주장은 당시 한국인의 사상과 의식의 변화, 한국사회의 발전에 커다란 계몽적 역할을 수행했다.

특히 『독립신문』은 논설과 보도를 통해 근대 사회 확립에 필요한 지식과 사상을 공급해 개명진보를 위한 국민의 의식과 사상의 변혁에 공헌했고, 1898년에 있었던 만민공동회운동의 기반을 형성하는 데 공헌했다. 민중의 자발적 참여와 만민공동회의 독자적 발전은 『독립신문』이 창간 이후 전개해 온 계몽활동에 의한 것이었다. 이는 『독립신문』이 순국문으로 편집되어 민권 신장을 위한 논설에 치중해 민중의 이익을 대변함으로써 평민층에 많은 독자층을 이룬 데도 기인한 것이었다.

독립신문사에서 서재필은 사장 겸 주필로 있으면서 국문판 논설과 영문판 사설을 맡았고, 주시경은 조필로 국문판의 편집과 제작을 담당했다. 특히 서재필은 신문을 일반 민초들이 쉽게 알아볼 수 있도록 한글 단어 사용을 신중히 고려했고, 국문학자인 주시경을 영입하여 부단한 노력으로 순한글로 간행할 수 있었다. 주시경은 한글 표준어와 방언, 발음 등에 정통했으며 『독립신문』 발간 중에도 쉬운 단어 선정을 위해 직접 연구를 거듭했다. 이 결과 『독립신문』은 한국 최초의 한글판 신문으로 간행됨과 동시에 띄어쓰기를 지면에 반영할 수 있었다.

만민공동회를 체험하다

19세기 말 한국에 들어온 열강 제국들은 한국의 광산·철도·전선·삼림·어장 등의 이권을 침탈하고 한국을 식민지 종속국으로 만들려고 획책했다. 1896년 2월 11일의 아관파천 이후에 국왕이 러시아공사관에 머무르는 동안 여러 가지 폐해가 나타났다. 정권을 장악한 친러파들은 갑오경장 당시의 내각 제도를 의정부 제도로 복구시켜 국왕의 전제권 제한 조치를 풀어 전제 군주제를 부활시켰으며, 러시아를 비롯한 구미 열강에게 각종 이권을 넘겨주었다. 특히 열강의 이권 침탈과 깊숙한 내정 간섭으로 한국의 자주 독립은 심각하게 위협받는 지경에 이르렀다.

한편 러시아는 극동에서 남하 정책을 추진해 부동항과 군사 기지를 설치하려 했다. 그런데 러시아의 정책은 단순한 이권 침탈이 아니라 궁극적으로 식민지화를 노린 침략 간섭 정책이었으므로 일본과 정면으로 충돌해 첨예하게 대립하게 되었다. 이 때 영국과 미국은 이권 획득에 힘쓰면서 러시아의 남하 정책을 저지하기 위해 은근히 일본을 후원했다. 프랑스와 독일은 이권 획득에 열중하며 영국을 견제하려는 목적으로 러시아에 밀착되어 있었다.

당시 한국인들은 삼국 간섭을 통해 일본의 침략을 일단 견제하는 데 성공했으나 새로이 강화된 러시아의 침략 시도를 막고 열강들의 이권 침탈을 긴급히 저지해야 할 처지에 놓이게 되었다. 우선 고종이 하루 속히 러시아공사관에서 환궁해 자위력을 갖추고 자주 독립권을 확고히 세우며, 적극적인 개혁 정책을 펴기를 국민은 원하고 있었다. 그리고 1897년 2월 20일 1년 만에 개혁파와 자주적 수구파의 연합 세력의 노력에 의해 고종은 경운궁慶雲宮으로 환궁했다. 8월에 연호를 광무光武로 고치고, 10월 고종을 대군주로부터 황제로 승격, 국호를 대한제국大韓帝國으로 바꾸며 대외적으로 완전 자주 독립을 재선언했다.

대한제국의 성립은 한국이 전통적으로 자주 독립국이며 임오군란 이후의 청국의 간섭, 청일전쟁 이후의 일본의 간섭, 아관파천 이후의 러시아의 간섭과 같은 것을 더 이상 받지 않겠다는 것을 상징적으로 선언한 것이었다. 그러나 대한제국의 성립을 전후로 러시아는 군사 기지 설치의 제1차 작업으로 부산 절영도絕影島의 조차租借를 요구하고, 대한제국의 군사권을 장악하기 위해 황실 호위를 담당하던 시위대侍衛隊에 러시아 사관들을 파견해 러시아 군사 편제에 따라 편성하고 훈련시켜 러시아의 손아귀 안에 두려 했다.

러시아의 침략 정책은 자주 독립의 기초를 강화하려고 하던 한국인들과 직접적인 충돌을 불러일으켰다. 당시 한국의 개혁 세력은 독립협회로 모아지고 있었다. 독립협회는 1896년 7월 2일 창립되어 독립문·독립공원·독립관의 건립 운동과 토론회 등의 계몽 운동을 전개하면서 개혁파의 세력을 확대시켜 나가고, 우선 독립협회와 『독립신문』이 러시아의 침략 정책에 대해 예리하게 비판하기 시작하자, 러시아와 친러 수구파들은 『독립신문』을 폐간시키려 했다.

1898년으로 접어들면서 대한제국에 대한 러시아의 식민지 속국화 침략 정책이 본격화되면서 사태는 더욱 악화되었다. 러시아는 1월 초부터 부산 절영도 조차의 인준을 다시 강력히 요구했고, 이를 실현시키기 위해 1898년 1월 21일 군함을 부산에 입항시키고 수병들을 절영도에 상륙시켰다. 대한제국을 공공연히 위협하면서 그들의 결의를 과시하려한 것이다.

그러나 열강은 서로 견제하면서도 러시아의 침략 정책에 편승해 이권 침탈에 더욱 혈안이 되었다. 일본은 1895년에 약속한 경부철도 부설권의 인준을 공식적으로 요구해 오면서 무력시위를 벌였으며, 미국·영국·프랑스 등도 이에 편승해 이권을 얻어 보려고 했다.

대한제국은 밖으로는 러시아의 본격적인 식민지 속국화 침략 정책의 강화와 열강의 경쟁적인 이권 침탈 요구가 계속되고, 안으로는 친러 수구파 내각이 수립되어 야합하는 상황에 처하게 되었다. 1898년부터는 대한제국의 모든 부원富源과 자주 독립의 정신 등을 모두 잃고 반식민지 상태에 떨어질 위험에 직면했다.

이에 서재필·윤치호 등을 비롯한 독립협회 간부들은 2월 7일 자신들의 활동을 기존 방식인 계몽운동으로부터 민족 독립을 지키기 위한 정치 운동으로 전환할 것을 결정했다. 독립협회는 외국의 군사권과 재정권 간섭을 규탄하고, 대외적으로 완전한 자주 독립을 주장했으며, 대내적으로 입헌정치를 주장하면서 탐관오리의 제거와 대대적 내정 개혁을 요구하고, 이를 위해 적극적인 민족운동을 전개할 것을 선언했다. 이에 한국의 개혁 세력과 러시아 등 외세의 충돌이 불가피하게 되었다.

독립협회가 국권 수호와 내정 개혁의 정치 운동을 결의했지만, 러시아의 절영도 조차 요구는 거세졌고 당시 외부대신 서리 민종묵閔種黙은 이를 허용하려고 했다. 이에 격분한 독립협회는 1898년 2월 27일 독립관에서 통상회通常會를 개최하고 러시아의 절영도 조차 요구를 반대하는 격렬한 성토대회를 열었고, 외부外部에 강경한 항의문을 발송했다.

이에 당황한 민종묵은 사임을 청원했으나 러시아공사관과 친러파 정부는 오히려 민종묵을 외부대신 정임正任으로 승진 발령했을 뿐 아니라, 절영도 조차를 인허해주려 했다. 독립협회는 러시아의 절영도 조차 요구를 실력으로 저지하기로 하고 준비에 착수했다.

한편 러시아는 1898년 3월 1일 한국 재정권을 장악하기 위해 서울에 한러은행을 개설하고, 업무를 시작했다. 독립협회는 3월 6일 독립관에서 회의를 개최해 한러은행의 철거 요구를 결의했다. 그리고 3월 7일 한러은행이 한국의 재정권을 장악하려 하며 자주 독립을 침해한다고 규탄하는 항의문을 탁지부에 발송했다. 그러나 수구파 정부는 러시아공사관의 후원만 믿고 확실한 답변을 회피하였다. 따라서 한러은행 문제 역시 독립협회와 민중의 더욱 적극적인 대책이 있어야 해결되리라는 전망이 뚜렷해졌다.

독립협회는 러시아뿐 아니라 일본에 조차된 석탄고 기지도 회수할 것을 결의하고, 3월 7일 회수를 요구하는 공한을 발송했다. 러시아는 대한제국에 대한 침략 정책이 독립협회의 민족운동에 의해 전면적인 저항에 부딪히게 되자, 3월 7일 오후 장문의 협박 외교 문서를 대한제국 외부에 보냈다.

러시아는 외교문서에서 무뢰배들(독립협회 회원들)이 러시아를 배반하는 것을 러시아 대황제가 괴이하게 여기고 있는데, 러시아 사관과 고문관을 보낸 것은 한국 고종의 요청에 응한 것이므로 만일 한국 정부가 러시아의 원조를 불필요하다고 인정하거나 사관과 고문관이 불필요하다고 보면 러시아는 이에 대한 필요한 조치를 할 것이니, 이에 대한 회답을 24시간 이내에 보내달라는 최후통첩을 보내왔던 것이다. 최후통첩을 받은 고종과 대한제국 정부는 매우 당황했다. 고종은 각 대신들과 외국공사들에게 자문을 청하는 한편, 우선 24시간의 회답 시한을 3일간 연기해 줄 것을 요청하는 서한을 러시아공사에게 발송하게 했다.

독립협회는 러시아의 침략 간섭 정책을 완전히 배제할 기회가 왔다 판단하고, 정부가 러시아 사관과 고문이 불필요하다는 회답을 즉시 보내고 그들을 철수시켜 자주 독립을 확립해야 한다고 주장했다. 독립협회는 3월 10일 종로에서 만민공동회를 개최해 국민의 힘으로 제정러시아의 침략 정책을 배제하고 자주 독립을 공표하기로 했다. 독립협회가 개최한 3월 10일의 만민공동회에는 1만여 명의 시민이 자발적으로 운집

만민공동회

해 러시아의 침략 정책을 규탄했다.

　민중대회에서 시민들은 쌀장수 현덕호를 회장으로 선출하고 백목전
白木廛 다락 위에서 다수의 시민들이 성토 연설을 했다. 그들은 러시아의
침략 정책을 규탄하고, 대한제국 정부가 나라의 자주 독립을 지키기 위
해 러시아의 군사 교관과 재정 고문 철수를 열망한다는 전문電文을 러시
아공사와 러시아 외부대신에게 발송할 것을 요구하는 결의문을 통과시
키자고 주장했다.

　만민공동회에 참가한 민중들은 연사들의 연설을 듣고, 러시아의 군사
교관과 재정 고문의 수를 만민공동회의 의사로서 결의했다. 독립협회의
새로운 민중 대회, 한국 사상 처음으로 민중과 연사가 자주 독립권 수호

를 위한 확고한 결의를 국내외에 과시하며 큰 성공을 거두었다.

결국 정부는 3월 11일 밤 만민공동회의 결의에 따르기로 결정하고, 러시아공사에게 재정 고문과 군사 교관의 철수를 요구하는 외교 문서를 발송했다. 이에 놀란 러시아공사는 고종에게 이런 회답을 보내면 큰 일이 일어나므로 종전처럼 러시아에 의뢰하기를 바란다는 회답을 보내야 한다고 주장했으나, 고종은 취침 중이라 만나 주지 않았다.

3월 12일 개최된 만민공동회는 독립협회의 지원을 받은 것이긴 했지만, 주로 서울 남촌南村에 거주하는 평민들의 자발적인 참여로 이루어졌다. 수만 명이 운집한 가운데 열린 만민공동회에서 자발적으로 등단한 연사들은 러시아와 모든 외국의 간섭을 배제, 자주 독립의 기초를 견고히 하자고 연설했으며, 군중들이 일제히 손뼉을 치며 '가피'라고 환호했다. 이것은 민중의 거대한 힘과 시민의 성장을 나타낸 것으로 정부 관료들뿐 아니라, 독립협회 회원들과 외국인들에게도 깊은 인상과 놀라움을 안겨주었다. 만민공동회는 한국에 대한 열강의 이권 침탈에 대항해 자주 독립의 수호와 자유 민권의 신장을 알린 민중대회였다.

제1차 만민공동회 이후, 민중들은 스스로 새로운 운동 형태를 만들어 냈다. 예컨대 4월 30일 숭례문 앞에서 열린 서재필 재류를 요청하는 만민공동회, 6월 20일 종로에서 열린 무관학교 학생 선발 부정을 비판하는 만민공동회, 7월 1일과 2일 종로에서 열린 독일 등 외국의 이권 침탈을 반대하는 만민공동회, 7월 16일 종로에서 열린 의병에 피살된 일본인의 배상금 요구를 반대하고 경부철도 부설권 침탈을 반대하는 만민공동회 등은 독립협회와는 직접 관련 없이 민중들이 자발적으로 개최한 민중대회였다.

1898년 10월 독립협회는 당시의 정치·외교·사회 제반 문제를 개혁하기 위한 대책으로 10월의 만민공동회를 적극적으로 주최하고 국정개혁의 대원칙을 결정했다. 그러나 공동회에서는 독립협회의 영향력에서 벗어나기 위해 회장 선출시 독립협회의 간부가 아닌 평민, 백정, 상인 출신에게 표를 주고 지지를 하는 등의 활동을 했다.

1898년 10월의 만민공동회 회장으로 독립협회의 지도자였던 윤치호가 선출되었고, 독립협회는 1898년 10월 28일부터 11월 2일까지 종로에서 대집회를 열었다. 이날의 만민공동회에서는 독립협회의 영향력을 벗어나 정부의 매국적 행위를 공격하고 시국에 대한 개혁안 제출을 결의했다. 만민공동회 둘째 날인 10월 29일에는 6개항의 개혁 원칙인 '헌의6조獻議六條'를 결의해 황제에게 제출했다. 헌의6조는 "일본인에게 의탁하거나 부역하지 말 것, 전권대신 임명을 폐지, 외국과의 이권계약利權契約이 있을 때는 대신이 단독으로 하지 말 것, 정부 재정을 공정히 하고 예산 사용 내역을 공개적으로 발표할 것, 중대 범인의 재판과 형집행은 공개 재판으로 하며, 언론·집회의 자유를 보장할 것, 칙임관의 임명은 황제가 정부 대신들과 중추원 의관들의 중의衆議를 따를 것, 기타 별항의 규칙을 실천할 것" 등이었다.

'헌의6조'의 결의가 조정에 상신되자 고종은 이를 실천하겠다고 약속했다. 그러나 정부의 근왕파 정치인은 황제의 인사절대권을 부정하는 점을 들어 '헌의6조' 시행을 끝까지 반대했다. 그리고 독립협회가 황제를 폐하고 의회개설운동을 통해 공화정을 수립하려 한다는 소문을 근거로 내세우며 '헌의6조'가 그 신호탄이라 모함했다. 한편 일본은 한국 침략 정책에 대한 한국 내의 저항 세력이 궁극적으로 만민공동회와 독립협회 세력이라 간주하며 이들 단체를 없애버리려는 계획을 세웠다.

고종은 마침내 군대동원의 결단을 내리고, 12월 23일 시위대를 동원하여 만민공동회 해산을 명령했다. 수구파들은 시위대에 술을 먹이고 만민공동회를 향해 진격하게 했다. 보부상까지 군대 뒤를 따라 공격해 왔다. 12월 25일, 마침내 고종은 11가지 죄목을 들어 만민공동회와 독립협회를 불법단체라며 해체령을 포고하고, 만민공동회와 독립협회 지도자 430여 명을 일거에 체포, 구금했다. 만민공동회는 러시아와 일본의 외세를 업은 고종과 친러 수구파의 무력 탄압 앞에 해산당하고 말았다. 주시경 역시 만민공동회 사건으로 이승만, 서상대, 이동녕, 양기탁 등과 함께 감옥에 투옥되었다. 정부는 독립협회와 그 밖의 단체 회원, 양반관료, 중인, 지식인과 평민, 상인 등 다양한 계층 사람들이 자주 독립의 수호와 자유 민권의 신장을 주장하며 진행한 대중 집회를 용인할 수 없었던 것이다. 독립협회의 일원으로 만민공동회에 적극 참여하면서 체포되었던 주시경은 황제의 특사령으로 11월에 석방되었다.

04 한글의 대중화와 근대화

국문연구소에서 국문표기를 연구하다

주시경은 1907년 7월 8일 학부 안에 설치한 한글연구기관인 국문연구소의 설립에 중요한 역할을 담당했다. 국문연구소는 「국문연구소규칙」제1조에서 '국문의 원리와 연혁과 현재 행용行用과 장래 발전 등의 방법을 연구함'을 목적으로 하고 학부대신 이재곤李載崑의 청의로 각의를 거쳐 설치되었다. 훈민정음 창제 당시의 정음청正音廳 설치 이후 한글을 연구하기 위한 최초의 국가기관이라 할 수 있다.

주시경은 국문연구소 설치 이전인 1896년 5월에 독립신문사 안에 국문동식회를 설립했는데, 국문동식회의 최초 이름은 '조선문동식회'였다. 이 조직은 지석영池錫永 중심의 '국문연구회', 학부 안에 설립한 '국문연구소', 1921년 주시경의 제자들이 만든 '조선어연구회' 등의 모태가 된 우리나라 언문운동사상 처음 만들어진 것이다. 그해 4월 7일 『독립신문』이 서재필에 의해 최초의 상업신문으로 창간되자, 순한글 신문인 『독립신문』의 국문표기를 합리적으로 통일하기 위해 설립되었다. 그런데 국문동식회는 설립 당시부터 별로 호응을 얻지 못했으며, 아울러 운영에도 많은 어려움을 겪었다. 연혁에 관한 기록이 별로 없어서 자세한 것은 알 수 없으나, 서재필 및 『독립신문』의 존폐와 밀접한 관계가 있었던 것으로 보인다.

주시경이 남긴 기록에 의하면, 국문동식회의 목적은 국문과 국문표기의 연구 및 그 통일에 있었고, 형태소形態素의 표기를 위한 새로운 받침의 채택이 그 구체적인 방안의 하나로 제기되었다. 주시경은 형태소 표기를 위한 새로운 받침 ㄷ·ㅌ·ㅈ·ㅊ·ㅍ·ㅎ·ㄲ·ㅄ·ㅼ·ㅎ을 쓰자고 주장했다. 이 내용은 이후 조선어학회의 「한글맞춤법통일안」으로 채택되었고 한글 정서법의 기본원리가 되었다.

당시는 전혀 호응을 받지 못해 실패로 돌아갔지만 국문동식회는 최초의 국어연구회로서 역사적 가치가 있다. 1898년(광무 2)에 폐지되었다는 설과 1906년 겨울에 해산되었다는 설이 있다.

1907년 1월에는 훈동薰洞의학교 안에 국문연구회가 설립되었는데, 이때 주시경은 이준의 천거로 연구위원 겸 제술위원製述委員이 되었다.

19세기 말엽부터 문자 문제가 제기되고, 이 문제를 해결하려는 개별적인 노력은 있었다. 하지만 공동 연구에 의한 통일된 문자 체계 확립 필요성이 대두되자 국문연구소가 설립되었다. 직접적인 동기로는 1905년 7월 지석영이 소청한 「신정국문 新訂國文」을 정부가 재가해 공포한 결과, 그 내용에 담긴 결점이 사회적 물의를 일으켰고, 1906년 5월에 이능화李能和가 「국문일정의견國文一定意見」을 학부에 제출해 우리나라 문

「국문연구안」

자체계의 통일을 역설한 것을 들 수 있다.

국문연구소의 조직으로 개설 당시 위원장에는 학부 학무국장 윤치오 尹致旿, 위원으로 학부 편집국장 장헌식張憲植, 한성법어학교漢城法語學校 교장 이능화, 내부 서기관 권보상權輔相, 그리고 현은·주시경, 학부 사무관이었던 일본인 우에무라上村正己가 임명되었다. 한 달 뒤인 8월 19일 학부 편집국장이 경질되면서 장헌식이 해임되고, 어윤적魚允迪이 위원으로 임명되었다.

그해 9월 16일에 첫 회의를 열어 「국문연구소규칙」의 작성과 위원의 보선을 논의해 9월 23일자로 이종일李鍾一·이억李億·윤돈구尹敦求·송기용宋綺用·유필근柳苾根 등 5명이 새로 임명되었다. 1908년 1월에는 지석영이, 6월에는 이민응李敏應이 위원으로 추가로 선임되었고, 8월과 10월에는 이억·현은·이종일·유필근이 해임되었다.

국문연구소의 활동은 1907년 9월 16일에 제1회 회의를 개최한 이래 23회의 회의를 열었는데, 최종 회의는 1909년 12월 27일에 개최되었다. 그동안 위원장은 10회에 걸쳐 모두 14개항의 문제를 제출했고, 이에 대한 토론과 의결을 거쳐 1909년 12월 28일자로 최종 보고서를 학부대신에게 제출했다.

보고서는 「국문연구의정안國文硏究議定案」과 마지막까지 남아 있었던 8위원의 연구안으로 꾸며졌는데, 정부는 이에 대해 아무런 조처도 취하지 않았다. 따라서 「국문연구의정안」은 세상에 공포되지 못했다. 그러나 「국문연구의정안」은 국문연구소 위원들의 협동적 노력의 결정으로, 개화기에 있어서의 국문연구의 총결산이라고 할 수 있다.

한편 「국문연구의정안」은 앞서 토의에 붙였던 14개항의 문제를 10개항으로 요약해 정리했는데 주요내용은 다음과 같다.

- 국문의 연원과 자체字體 과 발음의 연혁
- 초성 중 ᅇ, ㆆ, △, ㅇ, ㅱ, ㅸ, ㆄ, ㅹ 여덟 자의 부용復用 당부
- 초성의 ㄲ, ㄸ, ㅃ, ㅆ, ㅉ, ㆅ 여섯 자 병서竝書의 서법일정書法一定
- 중성 중 '·' 자 폐지와 '=' 자 창제의 당부
- 종성의 ㄷ, ㅅ 두 자의 용법 과 ㅈ, ㅊ, ㅋ, ㅌ, ㅍ, ㅎ 여섯 자도 종성에 통용 당부
- 자모字母의 7음과 청탁淸濁의 구별 여하

- 사성표四聲票의 용부用否와 국어음의 고저법
- 자모의 음독일정
- 자순字順과 행순行順의 일정
- 철자법

「국문연구의정안」의 내용은 전체적으로 매우 훌륭한 문자 체계와 표기법의 통일안이라고 할 수 있다. '·' 자를 그대로 쓰기로 한 것을 제외하면 이 의정안은 오늘날 우리가 사용하고 있는 문자 체계와 맞춤법의 원리를 그대로 보여준다.

국어 연구 서적을 간행하다

1906년 주시경은 음학서音學書로 『대한국어문법大韓國語文法』을 펴냈다. 이책은 사간본私刊本으로 상동청년학교尙洞靑年學校 국어학습소에서 교재로쓴 내용을 묶은 것이다. 『대한국어문법』은 내제內題이고, 표제는 '국문강의國文講義'로, 그리고 판심서명版心書名은 '국문國文'으로 되어 있다. 애초에국어문법 전반을 서술하려 했다가 국문강의 부분만을 우선 묶게 되었기때문이다.

문답식으로 엮은 이 책의 체재는 약례略例, 말과 글, 소리, 사람의 말소리, 국문을 만들심, 자모음의 분별 성질, 그리고 발문의 순서로 구성되어 있고, 문자론·음학·맞춤법을 삼위일체로 서술하였다. 주시경 특유의 음학이론과 분석방법을 제시하고 있으며 새로운 맞춤법을 주장했다. 이 책이 수정·정리되어 국문연구소의 「국문연구안」으로 발표되었고, 1908년 『국어문전음학國語文典音學』으로 출판되었다.

『국어문전음학』은 국어연구서로 1908년 11월 박문서관博文書館에서 간행했다. 이 책은 1946년 정음사에서 간행된 『조선어문법朝鮮語文法』에 『조선어문전음학朝鮮語文典音學』이라는 이름으로 수록되었다. 이름이 말해 주듯이 이 책은 국어문전 가운데 음학音學 부분만을 다룬 것이다. 장章의 구별은 없지만, 간행동기를 쓴 박태환朴兌桓의 서序와 머리말에

『대한국어문법』

해당되는 '제2회 하기夏期 국어강습', 국어와 국문이 숭상되고 연구되어야 할 필요성을 논한 '자국언문自國言文', 본론에 해당되는 '국문의 음학', 그리고 발문에 해당되는 부분으로 구성되어 있다. 이 책은 국어의 음音에 대한 많은 문제를 취급하고 있으나, 그 내용은 1906년 6월에 유인油印된 『대한국어문법』의 내용과 본질적으로 다른 부분이 거의 없다. 또 1909년경 저자 미상으로 유인된 『고등국어문전高等國語文典』과도 내용이 거의 일치한다. 따라서 『고등국어문전』도 주시경의 저술로 추정된다.

특히 이 책보다 1년 먼저 국문연구소國文研究所에 제출된 「국문연구안國文研究案」과 비교해 볼 때, 이 책의 본론인 '국문의 음학' 부분과 「국문연구안」의 '발음' 부분이 순서와 내용에서 거의 일치한다.

주시경은 이 책에서 「훈민정음」의 서문과 본문을 소개·해설했다. 언

문 초중종성삼성변初中終聲三聲辨에서는「훈몽자회訓蒙字會」·「화동정운華東正韻」의 자모字母 명칭과 종성 규정에 오류가 있었음을 지적하고 모든 초성이 종성으로 쓰일 수 있다고 주장했다. 또, "음학은 자모字母를 분별함이 최긴最緊"해 음학의 역할을 "자모를 분별함"이라고 보았다. 음을 물리적 현상으로 관찰해 '공기의 진동'이라고 보았으며, 자연의 모든 음을 무별음無別音과 유별음有別音으로 나누고 언어의 음은 유별음이라고 규정했다. 이 유별음은 스스로 나는 음인 모음과, 존재하지만 스스로 나지 못하고 모음에 기댄 후에야 나는 음인 자음으로 나누어 설명했다. 이전의 운학가韻學家들은 음을 음절에서 차지하는 위치에 따라 초성·중성·종성으로 나누었으나 주시경은 전통적인 해석을 탈피, 언어의 음을 객관적인 물리적 현상으로 보고 자음과 모음을 구별했다.

또「용비어천가龍飛御天歌」등에 보이는 'ㅆ, ㅅㄱ, ㅄ'등의 이자병서異字竝書는 된소리의 표기이므로 그것들은 'ㄸ, ㄲ, ㅃ'등과 같이 동자병서同字竝書로 표기해야 한다는 것과 'ㅅ, ㅈ, ㅍ'등 새로운 종성終聲을 예증한 것은 『국어문전음학』에서 비롯된 것으로, 이 책의 특징으로 볼 수 있다.

이 책이 지닌 또 다른 특징은 끝부분에 기록된 저자의 국문연구경력이다. 1892년에 국문을 자음과 모음으로 분해했고, 1893년에 'ㆍ'가 'ㅣ, ㅡ'의 합음임을 깨달았으며, 1894년에 이에 대한 첫 번째 증명을 했다는 것 등이다. 이러한 사실은 주시경의 학문적 발전을 이해하는 데 중요한 의의를 가진다.

1908년 주시경은 어린이들에게 한글맞춤법의 기초를 해설하고, 실제로 익히도록 하려는 편찬취지에 따라 국어맞춤법 해설서인 『국문초학』
을 편찬했지만 각급 학교 교과용 도서로는 사용되지 않았다. 이 책은 모
두 49개 공과工課로 구성되어 있고 각 단원마다 띄어쓰기 대신 구두점을
붙여 표시하고 있다.

49개 공과의 내용을 요약하면 다음과 같다. 제1공과에서는 모음
11자에 관해서, 제2공과에서는 자음 14자에 관해서, 제3~16공과에서
는 합자법合字法에 관해서, 제17~21공과에서는 단어표기 예에 관해서,
제22~49공과에서는 문장표기 사례에 관해 기술했다. 맞춤법에 관한
설명은 전혀 없고, 다만 예문만을 제시해 독본형식을 겸하고 있다. 예문
을 제시하는 부분에서 일체의 조사표기에 이른바 '아래아' 자를 사용하
지 않았다.

『국어문법』을 통한 한글 대중화

주시경은 한글의 대중화와 근대화를 위해 여러 권의 책을 썼다. 『국어
문법國語文法』은 국어문법서로 1910년 박문서관博文書館에서 간행했다.
체재는 국판 118면으로 『조선어문법朝鮮語文法』이라는 이름으로 바꾸어
1911년과 1913년에 다시 펴내기도 했다. 두 책의 다른 점은 품사를 의
미하는 용어가 『국어문법』에서는 '기'인데, 『조선어문법』에서는 '씨'로
바뀐 것이다. 이들 『조선어문법』은 '씨'라는 용어를 최초로 보여주는 책
이다. 1913년의 『조선어문법』(재판)이 가장 오류가 적다고 할 수 있으나
세 책은 내용에 큰 차이가 없다.

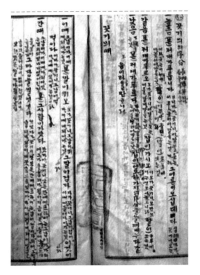

「국어문법」

『국어문법』에는 '서'에서 말과 문자가 독립의 요소 가운데서 가장 중요한 것이며, 그것을 정리할 필요성에서 짓게 되었다고 적고 있다.

이 책은 고본稿本 『국어문법』(1898) · 『국문문법』(1905) · 『대한국어문법大韓國語文法』(1906) · 『말』(1908, 고본 『국어문법』의 산제본) · 『고등국어문전高等國語文典』(1909) · 『국어문전음학國語文典音學』(1908) 등의 선행 저술을 거쳐 완성되었다. 이 책은 신명균申明均 편 『주시경선생유고周時經先生遺稿』(1933)에 다시 조판되어 실렸다.

더욱이 주시경은 1914년 신문관新文館에서 『말의 소리』를 간행했다. 이 책인 석인본으로 『국어문법』·『국어문전음학』과 함께 중앙인서관中央印書館에서 1933년 『주시경선생유고』로 간행되었다. 이 책의 내용은 음의 성질, 자음·모음의 분류와 배열, 자음동화, 자음·모음의 결합, 음절, 자음의 중화, 운소, 습관음에 대한 논술로 구성되어 있다. 부록으로 『훈민정음』과 『훈몽자회』의 범례, 『용비어천가』 1장, 『월인석보』 등을 실었고 위의 자료를 간단히 해설한 「말의 소리 협입夾入」이 있다. 책의 끝에는 『조선어문법』 이후에 전개된 주시경의 새로운 문법체계의 구상을 부분적으로나마 알아볼 수 있는 「씨난의 틀」과 가로풀어쓰기의 사례인 「우리글의 가로쓰기 익힘」이 덧붙여 있다.

음학音學에 대한 주시경의 여러 글과 비교할 때, 『말의 소리』는 다음과 같은 몇 가지 특징을 가지고 있다.

첫째, 음학에 대한 주시경의 이론이 집약되어 있다는 점, 둘째, 체재와 내용이 가장 잘 정리되어 있다는 점, 셋째, 『조선어문법』(재판)에 이르기까지 포함되던 『훈민정음』 등의 문헌 인용과 'ㅇ, ㅿ, ㆆ' 등 소실문자消失文字에 대한 설명이 완전히 제외되었다는 점, 넷째, 한자漢字로 된 술어術語의 한글화 작업이 완성되었다는 점과 부록을 제외한 전체 내용이 순한글로 쓰여졌다는 점 등이다.

『말의 소리』

그러나 이러한 특징의 대부분은 이 책보다 1, 2년 전에 유인油印된 것으로 생각되는 『소리갈』에서도 확인된다. 그러한 사실로 미루어 이 책은 『소리갈』을 원본으로 해 그 내용을 부분적으로 수정하고 체계화한 것이라 할 수 있다. 끝으로 이 책만이 가진 특징은 부호의 용법과 정서법正書法에 있다. 부호는 행行의 오른쪽에 사용된 'ㅇ, >'와 행의 중간에 사용된 'ㅇ'이다.

각기 의미형태소와 문법형태소의 경계, 형태소 내부의 기본단위 경계, 그리고 단어경계를 표시하는 것이라 할 수 있다. 이것은 실용적인 것이 아니라 하더라도, 주시경의 형태분석을 보여주는 귀중한 자료로서의 가치를 지닌다.

이 책 이전까지 주시경의 정서법 원리는 형태음소적 표기였으나 이 책의 「말의 소리의 굿에 두는 말」에서 이를 부정한다. 즉, '끝·붙은·까닭·섞어' 등은 각각 '굿·분은·가닥·석이어' 등으로 씌어져 있다. 또 'ㅋ·ㅌ·ㅊ·ㅍ' 등의 파열음에 'ㅎ'의 요소가 들어 있음을 지적하고 '섞임거듭소리'라고 이름지었다. 'ㄺ·ㄼ' 등 이중자음은 '덧거듭소리'라 해 받침으로 사용할 수 있음을 강조했다. 음학에 대한 주시경의 이론이 집약되어 있으며 체제와 내용이 가장 잘 정리되어 있는 책으로 부록을 제외한 전체 내용이 순한글로 쓰여 있다.

이 책은 서序, 국문國文의 소리, 기난갈, 짬듬갈, 기갈래의 난틀, 기몸박
굼, 기몸헴, 기뜻박굼, 이온글의 잡이 등으로 구성되어 있다.

 '이온글의 잡이'에는 우리나라 말의 듦, 곧 국어문장구성의 방식을 구
명하는 데 목적을 둔다고 밝히고 있다. 여기에는 우리나라 말의 특수성
을 존중하는 보편문법의 토대 위에서 서술된 것임도 명시되어 있다.

 '기난갈'은 품사분류론을 의미하는데 '임·엇·움·겻·잇·언·억·놀·
끗'의 아홉 기(품사)를 설정하고 있다. '임'은 우리 전통문법의 체언을, '엇'
은 형용사를, '움'은 동사를, '겻'은 관형격조사 '의'를 제외한 모든 조사
를, '잇'은 접속조사 '과'와 대등성과 종속성을 띤 연결어미와 보조적 연
결어미 '-어'를, '언'은 관형사와 관형사형 어미가 붙은 말을, '억'은 부사
와 부사형 어미 '-게'가 붙은 말을, '놀'은 감탄사를, '끗'은 종결어미를 가
리킨다. 이들 아홉 품사의 분류기준은 분명하게 표현되어 있지는 않지
만, 대체로 그 기능과 의미에 기초를 둔 것으로 보인다.

 단어 책정의 기준 또한 명백하게 제시되지 않았지만, 서술내용을 종
합하면 기능변환의 특성을 표시하는 관형격 '의', 관형사형 어미, 보조적
연결어미 '-게'와 선어말어미 '-시-, -었-, -옵-' 등은 단어의 자격을 주지
않고 있다. 이를 보면 단어 책정의 원리가 매우 종합적임을 알 수 있다.

 '짬듬갈'은 문장구성론을 의미한다. 이곳에서는 '기난갈'에서 베풀어
진 품사에 대한 대체적 지식을 중심으로 문장을 '기(품사)'로 나누고, 그
것이 문장구성의 요소로서 어떠한 자격을 가지고 하나의 문장으로 구성

되는가를 차례로 보인 다음, 그 의미를 분명히 하기 위해 그림을 그리는 방식으로 서술하였다.

한 문장은 적어도 '임이(주어)'·'남이(서술어)'로 이루어지고, 커도 '임이'·'씀이(목적어)'·'남이'의 세 성분은 넘어설 수 없다는 원칙을 명시한다. 문장이 복잡해지는 것은 이러한 세 성분에 '금이(한정어)'가 붙는다든지 '잇기(접속사)'에 의해 문장이 접속되기 때문이다.

'먹는다'와 같이 주어와 목적어가 나타나지 않는 경우는 그것이 '속뜻'으로 존재한다고 생각하고 그림을 그릴 때는 'ㅅ'으로써 표시한다. 또, "저 사람이 노래하면서 가오"와 같은 문장은 두 서술어의 주어가 공통되어 있다. 이 때는 둘째 서술어의 주어가 '숨은 뜻'으로 존재한다고 생각하고 "저 사람이 노래하면서 (저)(사람이) 가오"와 같이 두 문장이 복합되었다는 방식으로 그림을 그리고 있다. 『국어문법』의 문장도해에 있어 가장 큰 특징은 기능변환의 요소와 그것이 붙는 말을 곱슬줄(물결처럼 된 줄)로 표시하고 동시에 그 말의 원 기능도 나타낸다는 점이다.

주시경은 문장의 의미를 파악하는 방법으로 '말'·'일'·'마음'을 서로 관련시킬 것을 주장했다. '말'이란 문장을 구성하고 있는 각 성분 내지 언어기호를 뜻하고, '일'은 현실적으로 존재하는 대상을 지시하며, '마음'은 화자나 문장 해석자의 태도를 가리킨다.

간단한 문장은 문장성분의 상호관계에 의해 의미를 짐작할 수 있으나 복잡한 문장은 그림을 통해서 의미를 분명히 할 수 있고, 더 복잡한 문장은 그 문장이 지시하는 현실적 대상의 의미를 화자가 생각하는 바에 따라 파악하는 것이 좋다고 말한다. '짬듬갈'에 나타나는 도해법과 의미해석이론은 주시경의 독창이라고 할 수 있는데, 현대 언어 이론의 관점에서 보더라도 조금도 손색이 없는 완벽한 설명이다.

'기갈래의 난틀'은 품사의 하위분류인데, 특히 '겻기'와 '잇기'의 기능 설명에 있어서는 '짬듬갈'에서 내보인 문장성분에 관한 지식이 충분히 활용되어 있고, 의미를 설명하는 마당에 있어서는 화자의 태도나 현실적 대상과 밀접한 관련을 맺는다. 이 사실은 '짬듬갈'을 '기난갈' 사이에 설정한 정당성을 충분히 뒷받침한다. '기몸헴'과 '기뜻박굼'은 합성어의 분석과 품사전의를 의미하고, '기몸박굼'은 전통문법의 자격법과 품사전신을 총괄한 것이다.

『국어문법』은 '짬듬갈'이 주축을 이루고 있는 구문 중심의 문법모형을 보여주는 저술이다. '짬듬갈'이 '기난갈' 사이에 설정된 것이 이러한 모형을 구체적으로 확인하는 증거가 된다. 문장과 품사의 의미를 설명할 때 현실적 대상의 의미와 화자의 마음을 고려하고 있는데, 이는 의미론과 화용론을 존중하는 의미해석의 원리를 따르고 있음을 의미한다. 기능변환의 요소와 선어말어미 '-시-, -었-' 등에 대해 일정한 이름을 붙이지 않은 것은 형태론으로는 종합적 특징을 지니고 있음을 말한다.

『월남망국사』를 번역해 소개하다

『월남망국사』는 중국의 량치차오梁啓超가 월남의 대표적 독립운동가였던 소남자巢南子의 진술을 바탕으로 1905년 상하이 광지서국에서 발간한 것으로, 프랑스의 월남 침략을 고발하고 아시아에 대한 제국주의 열강의 위협을 비난한 저술이다. 본문은 크게 세 부분으로 되어 있는데, 첫 부분은 량치차오가 망명지 일본에서 소남자를 만나 의기투합한 과정에 관한 기록이다. 둘째 부분은 소남자의 이야기로 3장에 걸쳐 월남이 968년 중국에서 독립한 뒤 프랑스의 보호국이 되기까지의 월남망국기, 1885년 이후 활약한 애국지사들의 간략한 일대기, 보호국 이후의 프랑스의 정책과 월남인의 고통이 실려 있다. 셋째 부분은 월남의 장래 등에 관한 소남자와 량치차오의 대화 내용이다. 다음 글은 『월남망국사』에 수록된 「월남망국사전록」 마지막 부분으로 이 책은 월남의 이야기지만 조선이나 중국과도 연관이 있었음을 알 수 있다.

요즘 일 년 동안 일본이 조선을 대하는 것을 봐도 지금 싸움은 끝나지 아니 했으나 벌써 제2월남의 모양이 보입니다. 동일한 일본인데 대만과 조선을 대접하는 법은 어찌 이같이 판이했을까요? 그 원인은 추측해 볼 수 있습니다. 월남과 조선을 이같이 하거든 하물며 두렵기가 월남과 조선보다 열 배 되는 우리 청국은 어떻겠습니까?

『월남망국사』가 최초로 소개된 지면은 『황성신문』이다. 『황성신문』

은 이 책의 일부를 1906년 8월 28일부터 9월 5일 사이에『독월남망국사』라는 제목으로 번역해 연재했고, 두 달 후인 1906년 11월에 현채㤠의 국한문 혼용체 번역본이 출판되었다.『월남망국사』는 멸망한 월남의 이야기이지만 조선이나 중국에도 큰 영향을 미쳤으며, 월남의 멸망이 결코 남의 문제가 아니라는 것을 명확히 인식한 번역자나 당시 지식인의 비판적 태도에서 간행된 것이다.

『월남망국사』

주시경은 1907년 순한글로『월남망국사』를 다시 번역 출판했다. 주시경이 현채의 역본을 다시 순한글로 번역한 이유는 한문을 모르는 국민들도『월남망국사』를 읽을 수 있게 할 뿐 아니라, 국어의 필요성을 강조하기 위함이었을 것이다. 주시경은 1907년 2월 국어와 국문의 필요란 글에서 국문의 필요성을 역설했다. 이를 감안할 때 주시경이 현채의 국한문 혼용체 번역본을 순한글본으로 다시 번역한 것은 온전히 구국과 애국 차원에서만이 아니라, 국문 사용이라는 또 다른 대명제를 위한 것이라 할 수 있다. 다음 글은 주시경의 번역본에 노익형이 쓴 서문으로 한문을 모르는 백성들에게도 이 책을 보여주고 싶다는 주시경의 바람과 국어의 중요성을 강조한 의도를 보여준다.

월남의 멸망은 우리에게 극히 경계될 만한 일이라. 그러나 이제 우리나라 사람들이 물론 귀천남녀노소하고 다 이런 일을 알아야 크게 경계되며 시세의 깊은 사실을 깨달아 우리가 다 어떻게 하여야 이 환란 속에서 생명을 보전할지 생각이 나리라. 이러므로 한문을 모르는 이들도 이 일을 다 보게 하려고 우리 서관에서 이같이 순국문으로 번역하여 전파하노라.

노익형은 여기에서 한국이 월남과 비슷한 형세를 보이고 있다고 지적했으며, 이러한 위급한 상황에 처해 있으면서도 '안으로는 국권을 튼튼히 하고 밖으로는 외국 형세를 막고자 하는 생각은 도무지 없는' 한국의 상태를 비판했다. 노익형은 월남이 멸망한 사실을 통해 경계심을 갖고 자신의 조국을 보전하자고 독자들에게 간절히 호소했다. 노익형은 서양의 침략이 아시아까지 닥쳐와 월남과 동만주가 점령당했으며, 이런 침략의 소용돌이 속에서 조선과 일본 청나라만이 독립을 유지하고 있는 현실을 지적했다.

노익형은 '서양 백인종에게 아시아가 멸망당하는' 제국주의와 인종주의의 중첩된 문제를 인식하고 있었다. 그런데 이런 위협에 대한 청나라와 조선은 무기력하게 대응한 것에 비해, 일본은 국가 정치혁신을 이루고 군비를 보강하며 서양에 적극 대응한다고 보았다. 당시의 정황은 일본이 '조선의 멸망' 자체를 두려워한 게 아니라, 이미 '선점한' 조선에 대한 통치권을 서양에 무력으로 빼앗길까봐 걱정했고, 그것을 인종주의에 입각한 아시아 연대론으로 포장했을 가능성이 더 컸다. 노익형은 일본이 조선과 청나라에 대한 연대의식의 연장선상에서 무기력한 두 나라의 대응에 '발을 동동 구르며' 안타까워하고 있다고 표현한 것이다. 또 그는 월남의 망국을 서양 대 동양, 백인종 대 황인종의 문제로 해석하며 일본의 '아시아 연대적 입장'을 지지하였다.

　주시경의 번역본은 1908년 3월 12일에 재판된 후 같은 해에 3판까지 출판되었는데, 이 작품이 짧은 시간 내에 큰 영향력을 미쳤음을 알 수 있다. 『월남망국사』 번역본은 국민들에게 국권회복에 대한 관심을 증대시켰고, 특히 국채보상운동의 전개에 많은 영향을 미쳤다. 그러나 널리 보급되던 『월남망국사』는 1909년 2월, 순한글 번역본은 발매 및 반포가 금지된다는 출판법 제정으로 탄압을 받았다. 1909년 5월 이후 정부의 탄압으로 이 책의 구독이 공식적으로 금지되었고 이전처럼 널리 읽히지 못했다. 그럼에도 불구하고 이 책은 입에서 입으로 전해지며 읽혀 영향력이 계속 퍼져나갔다.

상동청년학원과 하기 국어강습소에서의 강의

1885년에 조선에 입국한 미국 감리교회 선교사 스크랜턴Scranton,W.B.은 정동교회 근처에 정동감리교병원을 세우고 가난한 환자들을 무료로 치료하기 시작했다. 그는 의료사업을 확장하기로 결정하고 남대문 근처인 지금의 상동교회 자리를 구입해 약국과 병원을 차렸다. 의료 선교와 복음 선교를 겸비한 상동교회는 이렇게 시작되었다.

　이 병원교회는 1893년 정식으로 구역회로 승격되어 스크랜턴이 담임목사로 임명되었고, 1895년 정동병원을 상동병원으로 통합해 상동교회 자리는 전적으로 병원으로 사용하고, 교회는 지금의 한국은행 자리인 달성궁達城宮으로 옮겨 비로소 교회와 병원이 분리되었다. 1900년

주시경의 숙명여자고등보통학교, 월급 명세서
(1912년 12월 28일)

7월 상동병원이 세브란스병원과 통합되자, 그 자리에 현대식 교회건물을 짓기 시작해서 1901년 6월에 준공해 교회를 옮기고, 1902년부터 전도사 전덕기가 맡게 되었다.

1905년 을사조약이 체결되자 전덕기를 중심으로 조약무효투쟁을 벌였다. 김구金九·이준李儁 등의 독립투사들이 이곳에 자주 드나들었고, 1907년 이곳 지하실에서 헤이그특사사건의 모의가 이루어졌으며, 같은 해 이곳에서 신민회新民會가 조직되어 교육을 통한 독립운동이 전개되었다. 즉, 중등교육기관인 상동청년학원을 설립해 청년들에게 민족의식과 역사의식을 고취시켜 독립정신을 함양하는 데 주력했다.

주시경은 전덕기의 권유로 상동청년학원에서 한글 운동을 전개했다. 주시경은 자신의 한글연구 성과를 현장에서 교육을 통해 청년들에게 알리기 위한 적극적인 목표의식을 가지고 여러 학교의 강사를 자처하였다.

주시경은 상동청년학원에서 국어를 가르치며 배재, 이운, 이화, 흥화, 보성, 휘문, 기호, 서북, 협성, 융희 등 여러 학교에서 국어 강사를 겸했다. 주시경은 상동청년학원 학생들을 대상으로 여름방학을 이용해 하기 국어강습회를 자주 열었다. 그의 강연은 큰 인기를 끌어 주시경의 국어 강의가 열린다는 광고가 나가면 사방에서 청강생들이 몰려들었다.

주시경은 서울 시내에 흩어져 있는 여러 학교를 돌아다니며 주 평균

40여 시간의 강의를 했다.

당시 학교로서 든든한 터가 잡힌 것이 별로 없었으므로 선생에게 주는 보수는 박했고, 그나마 몇 달씩 건너뛰게 되기 때문에 극히 곤궁한 살림이어서 무명옷을 입고 짚신을 신으면서도 끼니를 궐한 적이 한두 번이 아니었으며, 창동 그의 사택은 용신하기도 불편한데다가 햇빛조차 잘 안 들어오기 때문에 낮에는 등불을 켜야 책을 볼 수 있을 정도였다. 그러나 결강은커녕 지참遲參 한 번 하는 일이 없었다. 사무실로 거치어 올 시간도 없어서 바로 교실로 걸음을 빨리하는 것이 상례였다.

또한 밤에는 그 자신의 국어국문 연구나 정리사에 나가서 수리학을 공부하기에 몰두했으며, 밤 한 시부터 다섯 시까지 잠을 자지 않으며 그로 인해 과로가 겹쳐 건강을 크게 해친 것으로 보인다.

주시경은 주로 교사들을 위한 국어강습회에서 국어 문법을 가르쳤다. 강의 내용은 음학音學, 자분학子分學, 격분학格分學, 도해학圖解學, 변성학變性學, 실용 연습 등 여섯 과였다. 주시경은 강의를 통해 국어의 중요성과 과학성을 강조했다. 1907년 11월에는 상동청년학원 안에 국어 야학과를 설치하고 1909년 12월까지 2년간 강의를 했다.

상동청년학원 안에 제1회 하기 국어강습소를 설치한 것은 역사적 의의가 매우 크다. 1907년 7월 1일에 개설된 하기 국어강습소 제1회 졸업생은 25명으로, 그해 9월 3일에 졸업했다. 1908년 7월 7일 개칙槪則 8조를 정하고 주시경을 강사로 초빙해 상동청년학원에서 제2회 하기 강습소를 열었다. 제2회 졸업생 수는 기록이 없으나, 졸업생 수료일인 1908년 8월 31일에 강습소 졸업생과 기타 유지 여러 사람의 발기로 국어를 연구할 목적으로 봉원사에서 국어연구학회 창립총회를 가졌다. 회장은 민주적으로 김정진金廷鎭을 선출하고 회의 이름을 국어연구학회로, 위치는 임시로 사립 청년학원 안에 두기로 결정했다. 제2회 국어 강습도 제1회 못지않게 국어연구학회를 탄생시키는 뜻깊은 강습이었으며 상동청년학원 학생들이 많이 참석한 것으로 추측된다. 주시경의 제자 중심으로 국어 연구의 최초의 학술단체가 탄생했기 때문이다.

제3회 하기 국어강습소는 1909년 7월 10일 상동청년학원에서 개최되었다. 강사는 갑甲반 주시경, 을乙반 박태환이 담당했고, 소규칙所規則 7조를 정했다. 제3회 하기 국어강습소 규칙 제1조를 보면 "본소本所는 유지사有志士를 선택하며 본 국문언國文言을 강습하야 국내 일반사一般士가 자국 문언文言을 장려할 사상을 고흥敎興하기로 입지立志를 삼음"으로 되어 있다. 요지는 우리말과 글을 사랑하자는 내용이며, 이것이 강습소 설치의 목적이었다.

1909년 11월 7일부터는 국어연구학회 주최로 제1회 강습소를 상동청년학원에서 열어 1910년 6월 30일에 28명의 졸업생을 배출했다. 당시 강사는 기록에는 없으나 주시경이었을 것이다.

1910년 7월 15일 제4회 하기 국어강습소가 보성학교에서 열렸는데, 소장은 주시경, 강사는 박제서와 장지영이었다. 주시경은 1910년 7월 18일 황해도 재령군 남호藍湖 강습소에 구어 전수과를 특설하고 강사로

일요강습회로 유명했던 보성중학교

초빙되었다. 1910년 8월 23일 남호 전수과 졸업식에는 12명의 졸업생이 배출되었다. 1910년 10월 국어연구학회 주최 제2회 강습소는 천도교 사범강습소 내에 개설되었다. 1911년 6월 27일 제2회 강습소 졸업생은 51명이었다.

1911년 9월 17일 국어연구학회는 '배달말글몬음'로 변경하고, 강습소를 조선어강습원이라 불렀다. 학급을 초등·중등·고등 3과로 각 1학년으로 정하고, 시간은 매주일 2시간으로 정했다. 편의상 제1회 중등과만 모집했는데 190명이 모였다. 보성학교 안에 조선어강습원을 두고 원장 남형우南亨佑, 원감 박상룡朴相龍, 강사 주시경, 사무원 김승한金承翰 등을 선정했다. 조선어강습원으로 이름을 바꾼 뒤 1912년에는 함남 웅천, 경북 대구, 경남 동래 등지에 계속 하기 국어강습소가 설치 운영되었다.

같은 달 '배달말글몯음'을 '한글모'라 이름을 바꾸었으며, 1914년 4월 강습원도 '한글 배곧'이라 고쳐 부르기로 했다. 이런 가운데 중등과도 계속 학생을 모집해 국어 강의를 했으며 초등·중등과도 모집해서 국어 사랑이 나라 사랑임을 철저히 교육했다.

주시경은 전덕기에 의해 청년학원 강사가 된 뒤, 한글 운동의 횃불이 되어 눈부신 업적을 남겼다. 해마다 상동청년학원 안에 하기 국어강습회를 개최함으로써 국어의 존엄성은 물론 국가 민족관을 형성하고 민족의식과 독립자주의식을 기르는 데 커다란 공로를 세웠다. 하기 국어강습회는 나중에 강습원으로 이름을 바꾸어 '조선의 언문 보급'에 목적을 두었다. 주시경이 생존했을 당시 중등과 강습만도 5회에 이르렀으며, 모두 주시경이 강사를 맡았다. 이처럼 주시경은 상동청년학원과 하기 국어강습소를 무대로 국가 민족을 위한 인재 양성, 한글 보급과 국어운동, 문법의 이론 체계 확립 등에 진력했다.

주시경이 자신의 건강을 돌보지 않고 이렇게 교육운동에 헌신한 것은 신진 청년들에게 그의 어문민족주의에 기초한 독립사상을 고취하고 국어국문교육과 자기 나라의 지리·역사교육을 해 자기 나라의 언어와 문자를 지키고 닦고 펴면서 애국심과 실력을 배양하면, 신진청년들에 의해 독립 쟁취의 날이 반드시 오리라고 확신했기 때문이었다. 그가 국어·지리·역사를 교육하면서 독립사상을 고취한 하나의 실례를 들면, 그는 백두산에 대해 강의하면서 다음과 같은 예를 들었다.

"백두산의 산림을 베어 통나무로 뚝뚝 끊어 싣고서 동청철도를 달아날 때에 그때 차장은 누구던가요?"

"백두산의 나무를 베어 조그마한 배를 모아 서해에 띄워놓고 두덩실 내려올 제, 마라보니 금수강산이로구나. 주인은 누구요?"

이것은 바로 일제 침략을 규탄하면서 조국에 대한 사랑과 국권 회복과 독립 쟁취의 과제를 일깨워주는 것이었다고 말할 수 있다.

05 주시경의 언어관과 사회관

독자적 언어와 문자는 자주독립국의 징표

주시경에 의하면 민족은 기본적으로 역域(지역공동체), 종種(혈연공동체), 언言(언어공동체)의 세 가지 요소로 구성되어 있다.

이 세 요소로 이루어진 민족이 국가를 이루어 독립하게 되는데, 이때 '역'은 독립의 기基요, '종'은 독립의 체體요, '언'은 독립의 성性이다. 여기서 주시경이 말하는 '성'은 본성 즉 본질을 의미했다. 성이 없으면 체가 있어도 그 체가 아니요 기基가 있어도 그 기가 아니다. 성이 가장 중요한 것이다. 즉 민족의 구성요소 중에서 성인 언어가 가장 본질을 이루는 것이다.

주시경에 의하면 민족은 언어공동체를 본질로 한다. 언어공동체는 사회언어학에서 사용되는 용어이다. 집단 내에서 서로 받아들여지는 방식으로 의사소통을 하는 개별적 언어집단을 부르는 말인데, 이것은 지금의 민족이론과 근본적으로 같은 견해라 볼 수 있다.

주시경은 민족은 당연히 국가를 이루어 독립해야 한다고 보고, 민족국가를 하나의 개념으로 사용했다. 그에게 '나라'의 개념은 단순히 국가의 개념뿐 아니라 민족국가의 개념을 포함한 것이었다. 그는 '나라'의 본질도 동일한 언어를 사용함으로써 이루어지는 것이라고 보고 언어를 '국성國性'이라고 했으며, 언어가 곧 '나라'를 이루는 본질임을 다음과 같이 말했다.

말은 사람과 사람의 뜻을 통하는 것이라 한 말을 쓰는 사람과 사람끼리는 그 뜻을 통해 살기를 서로 도와줌으로 그 사람들이 절로 한 덩이가 되고 그 덩이가 점점 늘어 큰 덩이를 이루나니 사람의 제일 큰 덩이는 나라라. 그러하므로 말은 나라를 이루는 것인데 말이 오르면 나라도 오르고 말이 내리면 나라도 내리나니라. 이러하므로 나라마다 그 말을 힘쓰지 아니할 수 없는 바니라.

이런 관점에서 주시경은 '말은 나라를 이루는 것'이라고 명확히 밝히고 있다. '한 말을 쓰는 사람끼리 한 나라를 이룬다'는 주시경의 민족관은 민족국가의 자주성이 언어와 문자로 표시된다는 생각에까지 이르고 있다.

한 나라에 특별한 말과 글이 있는 것은 곧 그 나라가 이 세상에 자연히 바로 자주국 되는 표시오. 그 말과 그 글을 쓰는 사람들은 곧 그 나라에 속해 한 단체 되는 표시다. 그러므로 남의 나라를 빼앗고자 하는 자가 그 말과 글을 없애고 제 말과 제 글을 가르치려 하며, 그 나라를 지키고자 하는 자가 제 말과 제 글을 유지해 발달코자 하는 것은 고금천하 사기에 많이 나타나는 바이다.

한 민족국가에게 독자적 언어와 문자가 있다는 것이 바로 그 민족국가가 자주독립국임을 나타내는 징표라는 주장이다. 이렇듯 주시경은 문자의 독립이 민족국가의 독립을 나타낸다고 보았으며, 민족경쟁의 시대에서 언어와 문자가 갖는 중요성을 정확히 인식하고, 우리나라의 독립과 발전이 국어·국문의 연구발전 보급과 직결되어 있다고 보았다. 이것이 주시경이 강조한 어문민족주의 사상의 핵심이다.

언어와 문자가 사회와 문화에 미치는 영향

주시경의 언어관은 매우 과학적이다. 그는 언어와 문자는 인간의 사회와 문화에 결정적인 힘을 가진다고 보았다. 인간이 다른 동물에 비해 특이해 만물의 영장이 되고 다른 동물과 자연을 지배하게 된 것은 인간의 지혜가 뛰어날 뿐만 아니라 언어를 구비하고 문자를 제정해 사용하기 때문이다.

언어의 기능을 보면 언어는 사회에서 '의사소통'을 가능케 해 '대사大事'를 이룰 수 있게 한다. 인간이 지혜가 아무리 많다 할지라도 대사는 단독의 힘으로는 이루어지지 않는다. 반드시 개인이 타인과 교섭해 그 지혜로 궁리해 만든 의사를 발표해서 서로 '의사소통'을 하고 '상도상조相

導相助'해서 중력衆力으로 또는 집단의 노력으로 비로소 '대사'가 이루어진다. 여기서 주시경이 말하는 대사는 개인의 힘을 초월한 '사회적·문화적 업적'을 의미한다. 주시경에 따르면 인간이 '대사'를 이루는 것은 바로 언어를 잘 갖추어서 의사를 거리낌 없이 상통할 수 있기 때문이다. 즉 언어 덕분에 인간의 '대사'는 점차 흥하고 지술智術은 더욱 발달하게 된 것이다. 주시경은 언어가 인간을 상호교섭하게 하면서 상도상조하게 하는 매개물이라고 보았다.

그리고 인간의 지술이 발달하자 언어만으로는 충분치 않게 되었다. 왜냐하면 인간의 '대사'를 널리 전하고 대대로 축적하여 전승하려면 언어를 담는 '글'이 필요하였다. 여기서 인간은 그의 업業을 더욱 정교하게 하고 이를 전승하기 위해 마침내 문자를 제정해 인간의 사실을 기록하고 학식을 강구하게 되었으며, 제도와 문화와 기술이 더욱 발전하게 되고 잘 갖추어져 인간이 만물을 지배하고 활용하게 된 것이라고 했다.

또한 언어와 문자는 분리될 수 없는 본질적으로 같은 기능을 하나, 문자가 더 기술적인 것으로, 문자는 언어를 담는 '그릇'과 '기계'와 같은 것이라고 했다. 그는 언어와 문자의 '관계'에 대해서 다음과 같이 말한다.

글은 말을 담는 그릇이니 이글어짐이 없고 자리를 반듯하게 잡아 굳게 선 뒤에야 그 말을 잘 직히니라. 글은 또한 말을 닦는 기계니 기계를 몬저 닦은 뒤에야 말이 잘 닦아지니라.

주시경 언어관의 특징은 민족과 언어와의 관계에 대한 견해인데, 당대에 풍미했던 고전사회학의 한 흐름인 스펜서와 키드 등의 사회진화론의 영향을 크게 받은 것으로 보인다.

만물은 서로 경쟁한다. 인류가 진보함에 따라 인간은 다른 동물과만 경쟁하는 것이 아니라 인간집단끼리도 경쟁하게 된다. 인간 사이의 경쟁에는 개인 간의 경쟁, 민족 간의 경쟁, 계급 간의 경쟁 등이 있다. 그중에서 당대의 전형적인 것이 민족국가 간의 경쟁이다. 이 민족국가 사이의 경쟁에서는 지술을 강구하는 일이 매우 요긴한데, 이를 위해서는 먼저 반드시 언어와 문자를 갈고 닦아야 한다. 즉 민족은 언어공동체를 본질로 하고 있기 때문에 민족경쟁에서 승리하기 위해서는 다른 종류의 인간집단 사이의 경쟁과는 달리 언어와 문자를 닦아서 최편最便하는 것이 대단히 요긴하다. 주시경은 언어와 문자를 닦고 또 닦아서 그 민족성원인 중衆의 지술을 정精하고 더욱 정精하게 하는 자는 타민족성원인 타중他衆을 물리치고 흥성하며, 언어와 문자를 닦지 않아서 그 중衆의 지술이 불흥不興하는 자는 타중他衆의 압세壓勢를 받아서 쇠망하는 것이니 자기의 언어와 문자를 닦고 닦지 않는 것이 민족흥망에 직접 큰 관계를 가진 것이라고 생각했다.

따라서 주시경은 단적으로 "국가의 성쇠도 언어의 성쇠에 존存하고, 국가의 존부存否도 언어의 존부에 재在한지라"고 말하고 있는 것이다. 그는 언어와 문자, 그리고 민족국가와의 관계에 대해 다음과 같이 말한다.

그러함으로 말은 나라를 이루는 것인데, 말이 오르면 나라도 오르고 말이 나리면 나라도 나리니라. 그 말과 그 글은 그 나라에 요긴함을 이로 다 말할 수 없으나, 다스리지 아니하고 묵히면 더 거칠어지며 나라도 점점 나리어가니라.

언어와 문자, 그리고 민족국가의 성쇠가 이렇게 직접적인 상관관계에 있기 때문에 고금의 세계 여러 나라들이 각각 자기나라의 언어를 존숭하며 그것을 기술하기에 적합한 문자를 각각 제정한 것이라고 했다. 언어와 문자가 서로 다른 세계 속에서 그것이 같은 사람들끼리 의사소통을 해 민족을 이루고 자주국을 이루어 사는 것이므로 언어가 다른 민족의 농락을 입어 문란해지고 혼잡해지면 그 민족의 사상과 결합도 문란해지고 분열되며 국가의 자주독립도 보전하기 어렵게 되는 것이다.

이러한 관점에서 그는 하나의 '기관'과 같은 문자와 언어를 잘 연구하고 닦으면 민지民智가 발전하고 국민의 단합도 공고해질 것이며 국민의 동작도 민활해지고 민족국가도 발달될 것이라고 보았다. 그러므로 언어와 문자를 닦지 않으면 국민의 동작도 우둔해지고 국민의 단합도 풀어지며 그 민족과 사회를 발흥하도록 할 수 없게 된다는 것이다.

독자적인 사상을 형성하다

주시경의 사회관도 언어관과 직결되어 있다. 주시경은 사회를 사람들이 천연天然으로 즉 자연적으로 모여 사는 것으로 보고 민족국가보다 선행하는 것이며 더 기초적인 것이라고 생각해 '천연의 사회'라는 용어를 사용한다.

주시경은 '사회'란 사람들이 그 뜻을 서로 소통하고 그 힘을 서로 연합해 생활을 영위하고 보존해 나가는 상호의존적인 관계의 한 단체로 보았다. 언어와 문자가 없으면 사람들이 의사를 소통하지 못하며 의사를 소통하지 못하면 사람들이 서로 힘을 연락하지 못하므로 언어와 문자가 사회를 조직하는 근본이라고 주장한다.

사회는 여러 사람이 그 뜻을 통하고 그 힘을 서로 연聯ᄒ어 그 생활을 경영하고 보존ᄒ기에 서로 의뢰ᄒᆞ는 인연의 한 단체라. 말과 글이 업스면 엇지 그 뜻을 서로 통ᄒ며, 그 뜻을 통ᄒ지 못ᄒ면 엇지 그 인민이 서로 연ᄒ여 이런 사회가 성양成樣되리요. 이럼으로 말과 글은 한 사회가 조직되는 근본이요 경영의 의사를 발표해 그 인민을 연락聯絡케 ᄒ고 동작케 ᄒᆞ는 기관이라.

주시경은 "그 사회 인중人衆을 지의상통志意相通하며 경영상조經營相助하야 한 단체가 되게 하는 언어"라고 쓰면서 언어가 의사소통을 가능케 해 사회를 조직하고 동일한 언어를 사용하는 사람끼리 한 단체를 만든 것이 민족이며 민족이 독립을 이룬 것이 국가라고 보았다.

주시경은 여러 곳에서 사회를 조직하는 매개물을 '말'이라고 주장했는데 사회와 '말'과의 관계에 대해 다음과 같이 말한다.

십ᄉ문　　　　달은 나라 삼에게도 이 나라 말을 가르치면 엇더뇨.

답	그러ᄒᆞ면 그 ᄯᅳᆺ을 그 사람에게 통ᄒᆞ고 그 사람의 ᄯᅳᆺ을 내게 통해 이 사회가 넓게 되어 그 유익이 만으니이다.
십오문	말이 샤회에서 무슨 상관이 잇ᄂᆞ뇨.
답	말이 달은즉 ᄌᆞ연 샤회도 달으고 말이 ᄀᆞᆺᄐᆞᆫ 즉 ᄌᆞ연 샤회도 ᄀᆞᆺᄐᆞ지ᄂᆞ이다.

주시경의 사회관은 언어가 사회를 조직하는 것이며, 언어와 문자가 민지를 개발하고 국정을 행할 수 있게 하는 것이다. 그는 이런 관점에서 사회의 발전도 바로 언어와 문자의 발전과 직결되어 있다고 생각했다. 또한 그는 "시회를 잘 합하랴면 또한 말을 잘 닦아 가르치고 잘 배화야" 한다고 쓰면서 사회의 통합과 국민의 단결도 언어와 관련시켰다. 즉 사회를 보존하고 발전시키고자 하면 언어와 문자를 갈고닦아야 한다는 결론이 나오는 것이다.

주시경은 사회도 언어의 이동異同에 따라 민족사회로 또 국가사회로 나누어지는 것이라고 생각했다. 이 때문에 그는 사회라는 말을 풀어 쓸 때에는 자주 '나라'라는 말로 표현했다.

주시경은 사회의 기본적인 구성단위는 가족(가정)이라고 보았으며, 또 가족을 구성하게 하는 요소는 결혼이라고 보았다. 이 때문에 그는 사회에 대한 논의에서는 가족과 가정을 매우 중시했다.

주목해야 할 것은 주시경이 가족과 가정을 중요시한 이유 가운데 하나로 현대 사회학자들이 말하는 인격(퍼스낼리티) 형성과정인 사회화의 내용을 지적하고 있다는 점이다. 물론 그의 시대에는 이러한 용어가 없었기 때문에 이 말을 사용하고 있지는 않지만 그 사회학적 관점과 내용은 바로 이 개념을 나타낸다. 예컨대 사람이 장성하기 전에는 "그 어머니 거동擧動과 언어言語를 보고 들어 본받게"된다고 하면서 '사회화' 과정에서의 부모 특히 어머니의 거동과 언어의 중요성을 강조했다.

그 자녀가 아주 장성해 이십여 세를 지나 투철히 세상일에 나가기 전에는 그 어머니 앞에서 그 어머니 거동과 언어를 보고 들어 본받게 되나니, 그 어머니 거동과 언어가 좋으면 그 자녀들도 좋은 사람이 될 것이요, 그 어머니 거동과 언어가 족히 배울 것이 없으면 그 자녀들도 어리석은 사람이 될 것이요, 또 사람의 부모 된 이가 어리고 무식하면 경솔한 거동과 지각없는 언어밖에 보일 것이 없으니 그 안에서 자라는 자녀들은 그 경솔한 거동과 지각없는 언어밖에 본받을 것이 없을지라, 장성한들 무엇을 알리오. 그 어머니가 학식 있고 거동이 점잖고 언어가 바르고 의사가 슬기로우면, 그 안에서 자라는 자녀들이 본받아 좋은 사람들이 될지라.

이처럼 주시경은 언어와 문자의 기능을 중심으로 민족, 국가, 사회를 규명하는 독자적인 사상을 체계화하고, 자기 시대의 학문과 사상에 기초해서 이를 논리정연하게 설명했다.

주시경은 민족관, 언어관, 사회관에 기초해 자기 시대의 나라와 사회의 문제를 설명하는 독자적인 사상체계를 수립했는데, 그의 사상을 한마디로 표현하면 '어문민족주의'이다.

그에 따르면 민족의 성쇠와 언어·문자의 성쇠는 직접적 상관관계가 있으므로, 남의 나라를 빼앗고자 하는 자는 먼저 그 언어와 문자를 없애고 자기 나라의 언어와 문자를 가르치려 하며, 또한 그 나라를 지키고자 하는 자는 반드시 자기 나라의 언어와 문자를 지키고 발전시킨다. 이 것은 동서고금의 역사에서 얼마든지 볼 수 있다. 그러므로 주시경은 "내 나라 언어와 문자가 다른 나라의 언어와 문자보다 못하다 할지라도 내 나라 언어와 문자를 숭상하고 잘 닦아서 좋은 언어와 문자가 되게 해야 한다"고 보았다. 그는 다음과 같이 말한다.

남의 나라를 빼앗으려는 자는 남의 나라의 말과 글을 먼저 없애고 자기 나라의 말과 글을 널리 전하며 퍼뜨린다. 자기 나라를 흥성하게 하거나 보전하고자 하는 자는 자기 나라의 말과 글을 먼저 갈고닦아 백성의 교육 수준을 발달시키고 단합을 공고케 할 것이다. 자기 나라의 말과 글이 다른 나라의 그것보다 못할지라도 어찌할 수 없이 자기 나라의 말과 글을 애호하고 개선하여 상용해야 한다.

그러면서 한국의 언어와 문자가 다른 나라의 언어와 문자에 결코 뒤지지 않는다는 자부심을 드러낸다. 국어에 대해 그것이 다른 언어보다 특히 우수한 언어라는 단정적인 가치판단은 내리지 않았지만 세계의 우등어법의 하나라고 말하고, 내 나라의 언어는 내 나라의 인종과 지역에 따라 적합하도록 자연히 만들어진 '천연특성天然特性의 아언어我言語'라고 하면서 국어에 대한 강렬한 애정을 드러낸 것이다.

그의 국어관은 과학적 연구와 당시의 특수한 민족주의 이데올로기적 이해가 이중으로 얽혀 있는 구조라 말할 수 있다. 과거의 언어를 현 시대의 언어와 동일시해 그 역사적 발전과정을 과학적으로 그리고 역사주의적으로 철저하게 고찰하지 않는 때가 드러나는 것도 이 때문이다.

주시경은 언어라는 것은 그 '역域' 그 '종種'에 적의한 대로 자연 발음되어 그 음으로 물건과 의사를 명명해 자연발생적으로 동역同域 동종同種 내에 통용되는 것이라며, 세계의 언어는 모두 3,000여 종이고 널리 사용되는 언어가 70여 종인데, 우리나라 국어는 이 70여 종의 하나라고 과학적으로 설명한다. 그런데 국어의 기원과 역사적 발전에 대해서는 과학적 접근보다는 오히려 당시 풍미하던 민족주의사상에 바탕을 두고 파악하는 경향을 보인다.

당시의 애국계몽사상의 국사탐구에서 나타나는 민족주의사상의 하나는 개국시조로서의 단군의 재발견과 고대사의 영역을 압록강 이남으로부터 만주 벌판으로 넓히고 그 강성을 밝히는 데 집중되어 있었다. 이 이데올로기는 종교운동으로까지 투영되어 나철羅喆과 오기호吳基鎬 등이 단군숭배의 대종교大倧敎를 만들 정도의 열정을 보였다. 주시경이 일반 민족어의 형성에 관한 과학적 설명을 하면서, 때로는 한국어가 단군의 개국과 함께 자연발생적으로 만들어져 계승발전된 것이라고 설명하기도 한 것은 당시의 사상을 받아들인 흔적으로 추측된다. 예컨대 그는 이데올로기적 접근에 가까이 갈 때에는 다음과 같이 쓰고 있다.

우리나라는 아시아 동방의 온대에 있어 북으로 영명靈明한 장백산이 특별히 뛰어나고 동서남으로 온화한 삼면 바다가 둘러싼 반도이다. 옛날에는 장백산이 중앙이며 북은 넓은 들판이며 그 나머지 삼면은 곧 동서남해라. 하늘이 이 땅에 접하고 우리 인종을 낳아 그 소리를 명하매, 이 땅에서 그 인종이 소리를 말하여 언어를 만들고 그 언어로 사상을 다다르게 하여 장백 사방에 번성케 하더니, 많은 시간을 거쳐 단군이 개국하신 이래로 신성한 정교政敎를 4천여 년에 전하니 이러한 특성이 우리 국어이니라.

한편 국어의 기원과 단군에 대해 연결시키면서, 당대의 민족주의의 이데올로기적 접근을 드러내기도 했다.

우리 인종이 장백산 사방에 번성하더니, 많은 연대를 거쳐 단군이 군사軍師의 지위에서 다스려 우리 종족을 통할하였다. 신성한 정교를 행하여 그 업적이 하늘에는 예측할 수 없을 정도로 오래되었다. 언어도 이에 따라 고상하니 국문의 본원이 심원하도다.

국어의 기원과 국사에 관한 민족주의 이데올로기적 접근은 주시경이 1909년 민중계몽을 위해 쓴『국문초학』에서 매우 선명하게 나타나 있다. 그는 언어의 품격은 문법이 나타낸다며, 우리나라 언어는 격格을 표시하는 문법 면에서 세계 우등언어의 하나라고 말한다.

우리나라 언어는 태고에 우리 반도가 처음 열리고 인종이 태어날 때부터 이 반도 구역이 천성부터 타고난 특성으로 자연적으로 소리를 내어 이어 온 일종의 언어이며 그 문법은 품격을 나타내는 것이니 세상에서 국문초학은 가장 뛰어난 어법의 하나이다.

국어의 역사적 기원에 대해서는 다분히 이데올로기적으로 접근했으나, 자기 시대의 국어에 대해서는 과학적으로 고찰하는 연구태도의 이중구조는 국어의 형성과 발전과정에 대한 고찰은 상대적으로 취약하게 만든 반면, 동시대 언어에 대해서는 과학적이고 열정적 탐구를 하도록 만들었다. 주시경의 업적인『대한국어문법』(1906),『국어문전음학國語文典音學』(1908),『국어문법國語文法』(1910),『말의 소리』(1914) 등에서의 철저한 자연과학적이며 분석적인 접근이 이를 단적으로 잘 나타내고 있다.

주시경은 말은 '뜻을 표하는 것'이라며 도구적인 것으로 파악하면서도, 모국어인 국어에 대해서는 이데올로기성을 부여하며 강렬한 애정을 쏟았다. 여기에 민족을 언어공동체로 파악하는 사상이 중첩되었는데, 그 정도는 국어에 대한 것이 국문자正音文字에 대한 것보다 더 강했다.

그는 상형문자와 기음문자記音文字를 구분해 상형문자는 기음문자보다 덜 발달된 문자라고 지적했다. 상형문자는 언어 외에 특습特習해야 하므로 글을 배우기가 타국어를 배우는 것처럼 시간과 노력이 많이 들 뿐 아니라 천하 각종 물건의 무수한 이름과 각종 사건의 무수한 뜻을 모두 각각 표로 구분해 그림을 만들므로 글자가 많고 자획이 번다해 배우고 익히기가 지극히 어렵다. 반면, 기음문자는 음의 십여 가지 분별만 표해 돌려쓰므로 자획이 적어 배우고 익히기가 지극히 쉬울 뿐 아니라 읽으면 곧 말인즉 그 뜻을 알기도 말 듣는 것과 같고 지어쓰기도 말하는 것과 같으니, 그 편리함이 상형문자보다 몇 배나 쉽다.

더 나아가 주시경은 우리나라의 정음문자가 기음문자 중에서도 세계에서 가장 편한 과학적인 문자임을 강조하였다. 국문자의 과학적 우수성에 대한 주시경의 확신과 자부심은 이미 1897년의 「국문론」에서 정음문자가 페니키아문자나 로마자보다 더 우수한 문자라고 한 데서부터 나타난다. 낙후된 상형문자인 중국의 한자나 한문 자획으로 가작假作한 이두吏讀를 표방해 만든 일본 문자와는 비교조차 할 수 없는 매우 과학적으로 만들어진 우수한 문자라는 것이다.

그는 언어와 문자 양자를 본질적으로 동일한 기능을 하는 의사소통의 매개체 또는 도구로 보면서도, 문자가 '말을 담는 기계' 또는 '기관'이라며 더 도구적이며 과학적으로 분석한다. 그가 정음문자를 세계에서 가장 우수하고 편리한 문자라고 확신한 것 역시 이데올로기성에 바탕으로 두어서가 아니라, '말을 담는 기계'로서의 과학성·조직성·정확성·능률성에 경탄했기 때문이었다. 그러므로 그가 정음문자를 세계에서 "최편最便한 문자"라고 한 데에는 냉철한 과학적 고찰과 그에 기초한 강력한 자부심이 담겨 있었다.

모국어에 대해 과학적인 분석에 기초한 애정과 자부심을 지닌 연구자였으므로, 주시경이 자기 나라 문자가 다른 나라 문자만 못해도 마땅히 자기 나라 문화를 닦고 빛내며 애호, 개선하여 써야 하거늘, 하물며 우리나라는 세계에서 가장 우수하고 편리한 문자를 갖고 있으면서 자기 나라 문자를 쓰지 않고 한문을 쓰는 것은 중국에 대한 사대사상에 기인한 잘못된 것이라고 통탄한 것은 당연한 일이다.

주시경은 세종대왕의 훈민정음 창제를 "문 아동我東에 데일 좋은 수업이 무엇이뇨 답 국문을 만들 심이니이다"라고 해, 우리나라 역사상 가장 획기적인 사실로 격찬하고, 훈민정음의 창제과정과 서문을 그의 독특한 어문민족주의의 관점에서 재해석했다.

주시경에 의하면 어리석은 사람들이 세종대왕의 이 위대한 사업의 뜻을 알지 못하고, 오히려 국문을 천시하고 한문만 존숭해, 어릴 적부터 20~30세까지 오직 한문만 전적으로 수업해도 한문서적을 제대로 이해하며 그 뜻을 제대로 포착하는 자는 백에 하나도 구하기 어려우니, 그까닭은 첫째 한문이 본래 타국 문자요, 둘째 상형문자이기 때문이라고 했다. 일생에 다시 돌아오지 않는 가장 영민한 청년기 일세를 한문자 일과를 학습하는 데 모두 허비하고도 그 문자의 본래의 업을 성취하는 자가 이와 같이 드무니, 우리나라 사람의 한문사용의 폐단을 깨닫지 못함이 이보다 심할 수 있겠는가 하고 그는 거듭 한탄했다.

주시경은 영국, 미국, 프랑스, 독일이 한문을 몰라도 부강하게 된 사례를 들면서 하루속히 한자폐지와 국문의 애호 전용이 이루어질 것을 다음과 같이 호소했다.

국문이 생겨난 이후 수백 년이 지나도록 한문만 숭상한 것이 어찌 부끄럽지 아니하리오. 지금부터 우리 국어와 국문을 없이 여기지 말고 힘써 그 법과 이치를 연구하며, 사전과 문법과 독본을 잘 만들어 더 좋고 더 편리한 말과 글이 되게 할 뿐 아니라 우리 모든 나라 사람이 다 국어와 국문을 우리나라 근본의 주된 글로 숭상하고 사랑해 쓰기를 바라노라.

이러한 관점에서 국문에 관해 주시경이 특히 강조한 사항을 들면 다음과 같다.

- 국문전용을 실행할 것
- 국문 띄어쓰기를 실행할 것
- 국문법을 만들고 맞춤법을 통일할 것
- 국어사전을 편찬할 것
- 국어 가로쓰기를 실행할 것
- 쉬운 국어를 써서 언문일치를 실행할 것

주시경의 이런 주장은 이미 19세기 말에 나타난 것으로 당시로서는 혁명적인 주장이었으며, 이후 모든 국어국문운동의 출발점을 이룬 획기적인 것이었다.

주시경의 학문적 업적에 대한 세부적 검토와 평가는 다양한 측면에서 이루어져야겠지만, 설령 사회사상사적 차원에서 그의 국어국문법연구의 부정확성이 드러난다 할지라도 크게 문제될 이유는 없다. 왜냐하면 언어학적 연구 기반이 거의 전무하던 당시, 국어국문에 대해 주시경이 이룩한 과학적 연구와 체계화 자체가 경탄해야 마땅한 획기적인 일이기 때문이다. 주시경의 국문연구에 나타나는 문제점은 후학에게 맡겨진 소중한 과업이라 말할 수 있다.

과학적 방법과 민족어문의 독자성을 강조

주시경의 어문민족주의의 특징 가운데 하나는 과학적 방법에 있다. 이 것은 특히 자연과학적 방법에서 큰 영향을 받은 것으로 보인다. 먼저 소리에 대한 자연과학적 접근을 살펴보자. 주시경의 국문연구는 『대한국어문법』, 『국어문전음학』, 『국어문법』, 『말의 소리』 어디에서나 소리의 고찰에서 시작하고 있으며, 그 고찰방법은 극히 자연과학적이다.

예 1 문　무엇으로 말이 되는가.
　　답　소리가 말이 된다.
　　문　소리는 무엇인가.

답 소리는 그 운이 동하여 퍼져 나가는 것이니 곧 그 운이 퍼져
　　나가다가 그 운끼리 부딪치든지 무슨 물건에 부딪쳐 울리는
　　것이니라.

예 2 음은 공기의 파동이니 공기가 없으면 음도 없다. 따라서 진공
　　에서는 종을 치더라도 소리가 없다 …… 유별나게도 소리는 인
　　류사회에 실제로 가장 많이 사용되었고 또한 자음과 모음의 구
　　별이 있으니 스스로 발음되지 않은 것을 모음이라 하고 그 음은
　　존재하되 발음되지 못하고 모음에 따라 발음되는 것을 자음이
　　라 하니……

예 3 문 이 말을 달은 사람이 어떻게 듣는가.

답 귀는 소리를 듣고 아는 것인데 말은 소리요 소리는 물에 돌
　　을 던지면 물결이 퍼져 나가는 것처럼 그 음이 움직여 퍼져
　　나가서 저 사람 귀청을 울려 듣는 경락을 통하여 뇌腦로 들
　　어가며 신神이 깨닫는다.

‘소리’에 대한 자연과학적 접근에 기초해 주시경의 음가音價에 대한 치
밀한 연구가 진전되었다.

　원소元素와 합성合性에 관해, 주시경의 국어국문 연구는 소리와 글자의
원소와 그 결합으로 보는 자연과학적 방법에 바탕을 두었다. 이것은 수
리학 특히 인수분해의 영향과 물리 화학의 영향을 받은 것으로 보인다.
소리와 글자의 원소를 찾아내고 원소만 더 이상 분해되지 않을 뿐 모든
소리와 글자가 분해될 수 있으며, 또한 소리와 글자의 원소를 가지고 어

떠한 소리와 글자의 합성도 만들 수 있다는 생각은 그를 전통적 구속에서 완전히 해방시키고, 국어국문 연구의 혁명성을 갖게 한 요인으로 보인다.

주시경은 음가에 지배되지 않고 반드시 원소를 찾아 법칙화하려고 했으며, 음가와 원소의 합성원리를 중요시했다. 여기서 주시경이 강조하려는 것은 국어학에 대한 것이 아니라, 그의 방법론에서 더 이상 분해 불가능한 원소의 자모음의 모든 조합이 가능하다고 본 수학적 방법론이다. 그는 훈민정음 28자의 원소의 자모음과 자모문자의 모든 조합의 가능성을 인정하고, 이중에서 살아있는 우리 '말의 소리'를 나타내는 조합을 체계화했다. 일반적으로 글은 말의 소리를 다 나타내기는 어려운 것이지만, 우리말에 살아있는 발음이 있는 한 정음문자는 글자를 얼마든지 공급할 수 있는 것으로 확인했다. 정음문자의 무한한 가능성과 정확한 기계적 조직성에서 주시경은 정음문자가 세계에서 가장 편리하고 우수한 문자라는 확신과 자부심을 갖게 된 것으로 보인다.

주시경의 자연과학적 방법론은 도해법에서도 잘 나타나 있다. 도해법 사용은 교육의 효과를 높이기 위한 것이었다. 당시 애국계몽사상가들이 모두 교육을 강조하고 교육효과를 높이려 했지만 도해법 사용과 같은 것은 실행하지 못했다는 점을 고려하면, 주시경의 도해법 사용이 얼마나 선진적인 것인지를 알 수 있다. 도해법의 도입은 주시경이 이운학교, 흥화학교의 양지과, 또 정리사에서 수학을 공부하면서 기하학에 친숙한 덕분일 것이다.

또 법칙과 습관의 구분이다. 주시경은 국어문법의 법칙성과 관습상의 발음이 일치되지 않을 때 법칙과 관습을 구분해 법칙이 관철되고 있음을 발견했는데, 이것 역시 자연과학적 사고에서 비롯되었을 것이다. 예컨대 두음법칙에 대한 발견을 들 수 있다.

체계화된 문법과 관습이 일치하지 않을 때 주시경이 어느 쪽을 중시했는지는 국어학자들이 논의할 문제이지만, 그의 '생각'은 원칙론자의 경향으로 흐른 것으로 보인다.

주시경 연구의 과학성을 나타내는 마지막 요소는 개념 정의의 중요성을 강조한 점이다. 주시경은 국어문법의 학술용어를 순수한 국어로 만들어 내야 한다고 주장했다. 국어문법이니 국어로 새로운 용어를 만들어야 함이 마땅할 뿐 아니라, 한문으로 용어를 만들면 개념 정의에 바탕을 두기보다 한자의 글뜻 해석에 치중하는 폐단이 있기 때문이다. 근본적으로 용어를 부호와 다름없는 것으로 생각하고, 정의에 의한 약속을 중시한 것은 주시경의 과학적 연구태도의 일단을 나타낸다.

주시경은 민족관·언어관·사회관에 기초해 국어와 국문자가 독자성 또는 자주성을 갖는다는 점을 매우 강조했다. 이 문제와 관련해 주시경이 가장 주의를 기울인 것은 국어국문이 중국어문에 의해 혼탁되지 않았는지, 또는 영어영문, 일어일문과 다른 국어국문의 독자성이 어디에 있는지를 추구하였다.

한 예로 그는 『훈민정음』의 해석에 가장 큰 비중을 두면서 최세진崔世珍의 『훈몽자회訓蒙字會』에 대한 비판의 초점을 중국어학의 모방에 두었다. 예컨대 『훈민정음』에서는 자음을 아음牙音, 설음舌音, 순음脣音, 치음齒音, 후음喉音의 5음으로 나누어 이것으로 충분한데 최세진이 각角, 징徵,

상商, 우羽, 궁宮으로 나눈 것은 중국을 모방했고, 『훈민정음』에는 자모를 모두 횡서로 했는데 최세진이 종서로 한 것도 중국어문의 모방이라고 비판했다. 심지어 『훈민정음』이 중국어의 영향을 받아 4성 중 3성을 구분한 것도 불필요한 것이며, 국어에는 장단만 구별하면 충분하다고 비판했다.

주시경은 영어로부터 서구에서 발전한 현대문법학의 체계를 흡수했지만 그것을 우리 것을 찾는 수단으로 사용했을 뿐, 우리 국어문법을 만들 때에는 자기의 독창력을 발휘해 국어의 독자성을 밝히는 데 주력했다. 즉 주시경은 중국어, 영어, 일본어를 비교해 공부하면서 의식적으로 국어국문의 독자성과 특수성을 강조했다. 그가 품사를 비롯한 『국어문법』 용어를 순수한 우리말로 만들어낸 것도 이런 의식과 관련되어 있다. 주시경이 국문전용으로 쓴 글을 읽으면 그가 얼마나 의식적으로 순수한 국어를 골라 다듬어쓰려는 노력을 했는지 바로 확인할 수 있다.

자랑스러운 우리 민족의 글, 한글

말과 글은 사람의 생각이나 사상, 감정을 나타내고 전달하는 수단이라는 점에서 그 본질이 같다고 말할 수 있다. 그러나 표현 형식에서는 서로 다르다. 말은 소리 즉 음성을 빌어 표현하는데 비해, 글은 약속된 글자를 빌어 표현한다. 그래서 말은 글에 비해 멀리 떨어져 있는 사람에게는 직접 전달하기 어렵고, 생각을 정리해 표현을 다듬기에 불리한 측면이 있는 등 몇 가지 불편한 점도 있다. 결과적으로 이러한 말의 몇 가지 결함을 보완하기 위해 사람들은 글자를 발명했다.

말에 비해 글은 어디로든 멀리 전달할 수 있고, 어느 때까지나 손에 두고 볼 수 있으며, 기억하고 다시 뜻을 새겨 연구하기에 편리하다. 생각을 정리해 표현을 매만지고 다듬을 수 있는 장점도 있다.

우리 글자를 처음 만든 사람은 조선시대 제4대 임금 세종대왕이다. 세종대왕은 학문을 비롯한 여러 방면에 많은 업적을 남겼는데, 우리 민족 문화의 발전을 위해 영원히 빛날 가장 독창적인 일은 우리글인 훈민정음, 곧 한글을 만든 일이었다. 훈민정음이 창제되기 전까지 우리 민족에게는 민족 고유의 글자가 없었다. 따라서 자신의 생각을 글로 나타낼 때에는 중국 글자인 한자로 된 한문으로 쓰거나 또는 신라 시대에 설총이 집대성한 이두문자를 쓸 수밖에 없었다. 이두문자란 한자의 음과 훈을 빌어 우리말을 적던 표기법이다.

'훈訓'이란 곧 한자의 뜻의 새김, 즉 '하늘 천天'의 하늘과 같은 것을 말한다. 그러나 우리말과 중국말은 문법 체계가 다를 뿐만 아니라, 한자는

훈민정음

어려워 오랫동안 한문을 공부한 학자를 제외하고 일반 백성들은 배워서 쓰기가 여간 곤란한 게 아니었다. 따라서 세종대왕은 우리가 말하는 그 대로 쓸 수 있고, 또 읽을 수 있는 글자를 만들어야만 모든 백성들이 쉽게 배우고 쓸 수 있을 것이라고 생각했다.

그 첫걸음으로 세종대왕은 우선 학자들을 시켜 중국 사람들이 쓴 말소리 곧 음에 관한 운서 한자를 운에 따라 분류하고 배열한 자전을 철저하게 조사하고 깊이 연구하도록 했다. 중국은 시대에 따라 한자음이 변하고 또한 영토가 워낙 넓기 때문에 사투리가 많아 운서도 자주 개편되었다.

그중에 대표적인 것이 악소봉樂韶鳳 등이 왕명으로 편찬한 『홍무정운』이다. 고려 말부터 한학이 발달함에 따라 이런 운서가 많이 도입되어 학자들 중에는 운서에 관심을 가진 사람이 적지 않았다. 『홍무정운』은 명나라가 천하를 통일하고 난징에 수도를 정하면서 이루어진 것이다.

이전의 원나라는 베이징에 자리 잡아 한자음이 북쪽의 현실을 기준으로 삼아 남쪽 음과는 큰 차이가 있었다. 이에 명나라에서 한자음의 혼란을 막고 통일음을 제정하려 한 것이 『홍무정운』이다. 따라서 『홍무정운』은 한 지방음을 기준으로 한 것이 아니라, 인위적으로 언어를 다루려는 가장 대표적인 예이며, 세종대왕은 이 영향을 직접적으로 받았다. 세종대왕은 중국의 여러 운서 연구에도 조예가 깊었고, 한자음에 대해서도 상당히 깊은 지식이 있었다.

세종대왕은 운서 연구를 통해 우리나라의 한자음이 우리 식으로 변한 것이라고 판단해 이를 바로잡기 위해 집현전 학사들 중에서 최항, 박팽년, 신숙주 등을 뽑아 운서를 연구하게 했다. 이후 우리의 새 한자음을 제정해 그것으로 『동국정운』을 엮었다. 또 『홍무정운』이 한자를 찾기가 어렵기 때문에 그것을 편리하게 찾기 위한 『사성통고』도 엮었다.

세종대왕은 새로 만들 글자 형식에 대해 중국의 한자처럼 물건의 모습을 본뜬 상형문자 형식을 버리고, 소리 나는 대로 적을 수 있는 표음 소리 문자로 만들기로 했다. 집현전 학사인 정인지, 성삼문, 신숙주, 최항, 박팽년, 이개 등에게 우리의 새 글자를 만드는 일에 온 힘을 기울이게 했다. 그 결과 1443년, 세종 25년에 훈민정음 28자의 역사적인 제정이 이루어졌다.

세종대왕은 새 글자를 실제로 써보고 시험해 완전을 기한 다음, 3년 후인 1446년에 비로소 세상에 내놓았다. 그사이 집현전 부제학 최만리

일파는 "중국 글자인 한문을 가지고도 충분히 뜻을 표시할 수 있는데, 무엇 때문에 새삼스럽게 언문을 만드십니까?"라는 여섯 조목에 달하는 상소를 올려 훈민정음 창제에 반대한 일이 있었다. 이에 세종대왕은 "너희들은 음을 써서 글자를 만드는 일이 모두 옛 것에 위배된다고 하나, 이두는 무엇인가? 또한 이두 제작의 본뜻은 백성들을 편하게 하기 위함이 아니었던가? 만약에 그렇다면 오늘날의 정음도 백성들을 편하게 하기 위한 일이 아니고 무엇인가? 너희들은 설총이 집대성한 것은 옳다고 하고, 임금인 내가 만든 것은 나쁘다고 하니 대체 그 무엇 때문이라는 말이냐?"라고 반박했다.

훈민정음의 자음 닿소리는 발음 기관의 모습을 나타내고, 모음 홀소리는 동양 고래의 삼재 사상인 하늘(·), 땅(ㅡ), 사람(ㅣ)의 형태를 나타낸 표음소리 문자로 간명한 형식, 과학적인 쓰임새, 불평 없이 쓸 수 있는 것 등의 특징이 있어 세계의 어느 문자에도 뒤지지 않는 훌륭한 문자이다. 한글 창제의 참다운 동기와 목적은 훈민정음의 첫머리에서 세종대왕이 밝힌 것처럼 민족의 주체성과 국민을 생각하는 마음에서 우러난 것이었다.

우리나라의 말소리가 중국과 달라서 한자와는 서로 잘 통하지 아니하므로 이런 까닭으로 어리석은 백성들이 이르고자 할 바가 있어도 마침내 자기의 생각을 충분히 펴지 못하는 사람이 많으니라. 내 이를 불쌍히 여겨 새로 스물여덟 글자를 만들었으니 사람마다 쉽게 익혀 나날이 사용함에 마음 편케 하고자 할 따름이니라.

세종대왕의 한글 창제는 백성들을 위한다는, 말하자면 확고한 주체의식과 민본주의 사상에서 나왔다. 물론 백성 본위라 해도 그것은 오늘날의 민주주의 사상의 표현이 아니라, 어디까지나 유교의 왕도정치 사상에서 나온 것이다. 하지만 세계 역사상 어리석은 백성을 위해 문자를 만든 임금을 다시 찾아볼 수 없다는 점에서도 세종대왕의 그 뜻은 참으로 높고 귀한 것이다.

그러나 훈민정음은 이후 온당한 대접을 받지 못하고 반절, 암글, 부엌글, 언문 등으로 천대받았다. 사대사상에 물든 일부 선비와 양반들이 한문만을 참된 글, 곧 진서라고 치켜세우고, 한글은 부녀자와 상놈들이나 배우는 상글 곧 언문으로 천대했기 때문이다. 1894년 갑오경장으로 정치개혁이 이루어지자 한글은 차츰 빛을 냈다. 그리고 떳떳하고 자랑스러운 '한글'이란 새로운 이름을 가지게 되었다. 그 이름을 창안한 사람이 바로 주시경이다.

주시경은 말이 국가의 흥망성쇠와 관련된 중추라는 사실을 알고 있었다. 주시경에게 말과 글의 연구는 나라의 터전을 바로잡는 기본 작업이었다. 그의 학문은 단순한 학문을 위한 학문이 아니라, 국가의 터전을 바로잡기 위한 출발점이었다. 주시경의 이런 연구 태도는 훈민정음의 뜻을 풀이한 데서도 잘 드러난다.

훈민정음의 뜻은 백성을 가르치는 바른 소리란 것이니, 말의 잘못이 많이 때문에 소리를 바로잡아야 글을 이룰 수 있을 것이다. 그러나 이것으로써 백성을 가르치지 아니하면, 잘못된 버릇을 고칠 수 없을 것이요, 잘

못된 버릇을 고치지 못하면 올바른 말과 글을 얻지 못할 것이요, 올바른 말과 글을 얻지 못하면 다른 나라 글을 영구히 쓸 것이요, 다른 나라 말을 영구히 쓰면 국민이 나라 바탕을 영구히 잃어버릴 것이요, 국민이 나라 바탕을 영구히 잃어버리면 국민의 전도가 형편없이 될 것이니, 이러한 폐단을 구하려면, 말의 잘못을 고치고 말을 바로잡아 올바른 말과 글을 이루고 또 이것으로 백성을 가르쳐야 되리라는 것이다.

언어와 나라의 성쇠가 직접적인 관련성이 없을지는 모르겠으나, 국운이 성한 나라의 말과 글은 잘 정리되어 있고, 그렇지 못한 나라의 말과 글은 정리가 되어 있지 않은 것은 사실이다. 말은 우리 인간의 사상을 담는 그릇이고, 글은 그것을 표기하는 기호이다. 나라 운명의 성쇠는 그 민족성에 달려 있고, 그 민족의 사고의 체계 요컨대 민족성은 말에 반영되어 나타난다. 민족의 성쇠와 언어 문자의 관련성은 밀접한 관련을 지니고 있다.

글의 소중함에 대해 주시경은 1907년 4월 1일부터 6일까지 『황성신문』 '필상자국문언必尙自國文言'에서 다음과 같이 말한다.

말과 글을 가꾸고 또 가꾸어 제 나라 국민의 지식과 기술을 차츰 더 깊이 갈고 닦는 민족은 다른 나라 국민을 억누르고 복종시켜서 잘 살게 되고, 말과 글을 가꾸지 않아서 그 나라 국민의 지식과 기술이 보잘것없이 되는 민족은 다른 민족의 억압을 받아 쇠망하나니, 말과 글의 가꾸고 가꾸지 않음이 이처럼 중요한 것이다.

皇城新聞

光武二年三月
八日
農商工部認可

第一卷
第四號
每日刊行

木曜日

別報

●(五百年有)北村엇던녀주군주 북촌엇...

官報

●官廷錄事 中樞院一等議官金在○

『황성신문』

다른 나라를 빼앗고자 하는 자는 그 나라의 말과 글을 퍼뜨리며, 자기 나라를 일으켜 세우고자 하거나 보전하고자 하는 자는 자기 나라의 말과 글을 먼저 가꾸어야 국민의 지혜가 발달하고 단합을 굳게 하게 되나니, 이런 까닭에 자기 나라의 말과 글이 다른 나라의 말과 글보다 더 못하더라도 자기 나라의 말과 글을 아끼고 고쳐서 쓰는 것이 마땅하다.

예부터 오늘에 이르기까지 어버이들이 자기 나라 말과 글을 가꾸는 데 힘쓰지 않고 다른 나라의 말과 글만 좋게 여겨 배우다가 큰 화를 입은 나라가 무릇 얼마이며, 말이 있어도 가꾸지 않아 조리가 닿지 않고, 글이 있어도 닦지 않아서 허술해지게 되어, 세계 각국이 서로 이웃집처럼 오가는 오늘을 맞아 땅을 빼앗기고 그 국민까지 멸종되는 일이 아메리카 대륙이나 아프리카 대륙, 오스트레일리아, 그 밖의 지역에 얼마나 되는지 그 수를 헤아리기 힘들 정도이다.

말과 글은 사회를 조직하고 국민의 지혜를 개발하고 나라를 다스리는 그릇이다. 이 그릇을 잘 빚어내게 되면 국민이 튼튼하게 뭉치고 움직임도 활발할 것이요. 닦지 않아서 무디어지면 국민의 단합도 굳세지 못하고 움직임도 굼뜨게 되어, 말과 글을 닦지 않고 어찌 사회를 흥하게 하겠는가? 말과 글을 닦지 않아서 생기는 불리함은 여기에서 그치지 않는다. 말과 글을 가꾸지 않아서 마침내 쓸 수가 없게 되면 사회도 말하기 십상이니, 나라를 다스리고 보전하고자 하는 자는 자기 나라의 말과 글을 반드시 갈고 닦아야 한다.

오늘날 뜻있는 사람들이 교육, 교육하고 부르짖으니, 이미 한문을 배운 사람에게만 교육을 시키자는 뜻은 아니겠고, 한문을 이해하지 못하는 사람에게는 몇 십 년이 걸리더라도 먼저 한문을 가르쳐 깨치게 한 다음에야 다른 학문과 기술을 가르치겠다고 하는 것도 아닐 것이다. 그러면 영어나 일본어로 교육을 시키고자 하는 것이냐? 영어나 일본어를 우리나라 사람이 어찌 알겠느냐? 그것은 배우기가 한문보다도 배나 더 어려울 것이다. 오늘날 특별히 영어, 독일어, 불어, 일본어, 중국어, 러시아어 같은 말과 글을 배우는 사람도 반드시 있어야 하겠지만, 온 나라 국민의 사상을 변화시켜 지식을 쌓게 하려면 우리 글로 각종 한문을 저술하며 번역해 주어야 할 것이다.

영국이나 프랑스, 독일 같은 나라는 한문이 어떻게 생겼는지도 모르지만 저처럼 나라가 부강한 것을 보아라.

우리 한반도가 4천 년 남짓 전부터 터를 열어 2천만 민족이 수시로 주고받는 말을 입으로 전해 온 것만도 큰일인데, 하물며 우리글이 반포된 지 460년이 넘도록 사전 한 권도 만들지 못하고 한문만 붙들고 공부하기를 일삼았으니 이 어찌 부끄러운 일이 아니냐?

이제부터라도 우리글을 천하게 보는 나쁜 버릇을 고쳐 우리말과 글의 짜임과 쓰임과 뜻을 힘써 연구해 낱말사전, 글 모음, 읽을거리를 펴내어 한층 더 가꾸어진 말과 글이 되게 할 뿐만 아니라, 우리나라 사람들 모두가 윗사람이나 아랫사람이나, 가릴 것 없이 우리나라의 기둥이라고 생각하고 받들어 써서, 우리나라가 세계의 다른 민족과 다른 뚜렷한 특징을 유지하고 자유 만만세를 영원히 누리기를 엎드려 빈다.

주시경은 말과 글을 잃어버린 민족은 민족으로서 존재할 수 없음을 강조했다. 자신의 말과 글을 잃어버리면 민족 자체도 시나브로 사라져버리며 그런 사례는 역사 속에서 수없이 많다.

일제강점기 36년은 우리나라가 가장 위기에 처한 시대였다. 단지 국권만 상실한 것이 아니라 말을 금지당하고, 글을 금지당하고, 심지어는 자신의 성조차도 일본식으로 바꾸어야 했던 암흑기였다. 일제강점기에서 벗어나기 위해 우리는 다양한 형태의 독립운동을 전개했다. 우리말과 글을 살리려는 운동도 독립운동의 한 형태였고 이러한 운동은 주시경으로부터 시작되었다.

진보적인 어학연구

주시경의 어문민족주의의 또 다른 특징은 그의 사상과 주장이 매우 진보적이라는 점이다. 그는 흔히 민족주의가 고착되기 쉬운 복고 경향에 빠지지 않았다. 그는 과거보다 언제나 현실과 '미래'에 대해 깊은 관심을 지녀, 단지 국문을 재발견하는 데 그치지 않고 그것을 과학적으로 개선하려는 노력을 기울였다. 주시경이 국어국문과 민족의 미래에 깊은 관심을 갖고 실험한 몇 가지 사례를 들면 다음과 같다. 이 실험들은 주시경 어문민족주의의 선진적 특성을 단적으로 나타낸다.

첫째로, 국문전용의 철저한 시행을 강조했다. 주시경이 국문전용을 주장한 것은 이미 19세기 말이었지만, 1908년까지는 당시 사회의 관습에 적응하여 국한문혼용도 피하지 않았다. 물론 그때도 국문전용을 주장하였으나, 그의 사상과 주장을 국민에게 알리고 계몽하는 일 자체를 더 시급하게 생각했기 때문에, 국한문혼용을 택하는 신문에 기고할 경우에는 그대로 따르고, 그의 뜻대로 쓸 수 있는 곳에서는 국문전용을 원칙으로 삼았다. 그러나 1909년 후반부터는 국문전용을 철저히 지켰고, 특히 1910년 한일강제병합 이후에는 국문전용만을 고집했다. 국문전용이 나라사랑과 백성의 일깨움을 동시에 이루고 백성과 나라를 발전시키는 매우 효과적인 방법이라는 확신이 있었기 때문이다.

둘째로, 맞춤법의 대대적 개혁이다. 주시경은 모든 자음이 받침이 될 수 있다고 해 종래 쓰지 않던 모든 자음까지도 받침으로 썼을 뿐 아니라 쌍받침을 만들어 쓰고 'ㅿ'음과 'ㆍ'의 폐기 등 그 밖의 많은 맞춤법의 개혁을 단행했다. 그는 맞춤법 개혁의 근거를 『훈민정음』의 「종성복용초성終聲復用初聲」에서 찾았다. 개혁의 효과성에 대한 논의는 별도로 치더라도, 주시경 자신이 처음으로 체계화한 국어문법의 원리에 따라 과감하게 맞춤법의 대대적 개혁을 단행했다는 사실이 중요하다. 물론 그는 이러한 개혁을 최종적인 것으로 생각하지 않았을 뿐 아니라 더 나은 방법이 있다면 스스로 다시 또 개혁할 뜻을 "이러하게만 쓰기로 뎡한다 함이 안이요, 더 좋은 길이 있으면 반드시 그를 따를지라"고 말한다. 맞춤법과 국어문법 일반에 대한 과감하고 끊임없는 개혁 의지도 주시경의 어문민족주의의 진보성을 나타낸다.

셋째로, 완전한 언문일치의 시행이다. 주시경은 글은 그대로 담아 표현하면 된다는 생각에서 완전한 언문일치를 주장했다. 그는 이미 『독립신문』 시대에 완전한 언문일치를 실행했다. 이후 국한문혼용문에서는 이를 철저히 실행하지 않았으나 국문전용문에서는 이를 실행했으며, 1909년 이후에는 철저하게 이를 실행해 그 누구보다도 완전하게 일상의 말을 그대로 글로 적었다. 완전한 언문일치의 시행은 사회에서의 언어와 문자의 구실에 대한 주시경의 진보적인 사회과학적 이해에 바탕을 두고 있는 것으로 보인다.

넷째로, 새로운 낱말과 용어를 많이 만들어냈다. 여기서 주목할 것은 그가 새로운 낱말을 만든 영역은 명사를 '임씨'로 한 것처럼 주로 국어문법의 학술용어였다는 점이다. 그는 우리말의 문법을 우리말로 만드는 것은 어차피 학술에는 정의가 필요한 이상 한문을 빌리는 일보다 낫고 강조한다.

주시경은 학술어 이외에도 몇 가지 새로운 낱말을 만들었다. 그러나 그는 완전한 언문일치를 주장하고 실천했기 때문에 일상용어에 있어서 새 낱말을 만드는 일에는 매우 신중했던 것으로 보인다. 그가 일상생활의 용어에서 낱말을 만든 영역은 오히려 평민의 용어나 옛말에서 순수한 우리말을 재발견하는 곳으로부터 이루어진 것이다. 학술어를 중심으로 새로운 낱말을 만든 것도 주시경의 진보적 어문민족주의 특성을 나타낸다.

마지막으로, 한글 가로풀어쓰기의 실험이다. 주시경은 이미 1909년 「국문연구」의 끝장에서 처음으로 한글 가로 풀어쓰기를 실험해 '우리나라가 밝고 곱다'ㅜㅓㅣㄴㅏㄹㅏㅏㄱㅏㅂㅏㄹㄱㄱㅗㄱㅗㅂㄷㅏ를 풀어 써 보인 후, 1913년에는 조선어강습원의 졸업증서에서 가로풀어쓰기를 실험하고, 1914년에 간행한 『말의 소리』의 끝에는 '우리글의 가로쓰는 익힘'ㅜㄹㅣㄱㅐㄹㅔㅣㄱㅏㄹㅗㅆㅐㄴㅐㄴㅣㄱㅎㅣㅁ을 1장 붙이어 가로 풀어쓰기의 실험의 예를 보였다. 그가 가로풀어쓰기의 예를 저서 끝에 첨가한 사실은 1909년에 국문타자기 발명 소식을 듣고 궁극적으로 국문의 쓰기가 기계화될 것을 상정해 실험의 예를 보인 것으로 생각된다.

과감한 개혁의 주장과 실험은 사회사상사나 민족운동사의 측면에서 주시경의 어문민족주의의 진보성을 다양한 차원에서 나타낸 것으로 평가된다. 이 다양한 어학 실험이 사회에 적용되기에는 상당한 시간이 필요했기 때문에, 이 실험들이 일반 사회에서 얼마나 실행되었고 어떤 긍정적인 영향을 낳았는지 당시에서는 주시경 연구의 성과를 평가하기는 어렵다. 다만 이 최초의 과감한 개혁의 시도와 진보적 특성이 차세대 국어국문의 연구와 운동에 방향을 제시해 주었다는 점에서 커다란 업적이라 평가할 수 있다.

자유민권사상과 개화자강사상을 외치다

주시경의 어문민족주의는 자주독립사상과 관련되어 있다. 그는 국어국문이 독립의 빛이라고 하면서 "이 빛을 밝히면 그 나라의 홀로 서는 일도 밝아지고 이 빛을 어둡게 하면 그 나라의 홀로 서는 일도 어두워 가니라"고 했다. 그는 한자폐지와 국문전용이 독립사상을 확고하게 하는 것이며, 국문을 연구하고 전용하는 것이 곧 자주독립의 초석이 되는 것이라고 생각했다.

또 그의 어문민족주의의 주장은 자유민권사상 즉 민주주의사상과 깊이 관련되어 있다. 그는 자주독립을 지키려면 귀천과 남녀를 가리지 않고 모든 국민의 사상을 변화시키고 지식을 발흥케 해야 하며, 모든 국민의 사상과 지식을 변화 발흥케 하려면 국문전용을 실행하는 방법밖에 없다고 주장했다. 그는 "전국 인민의 ᄉᆞ샹을 돌리며 지식을 다 널려주랴면 불가불 국문으로 각식 학문을 져술ᄒᆞ며 번역ᄒᆞ여 무론남녀하고 다 쉽게 알도록 ᄀᆞᄅ쳐 주어야 될지라"고 하면서, 부녀자의 교육과 지식의 습득, 사상의 변화가 매우 중요함을 강조하고, 모든 민족 성원에게 신지식을 교육시킬 것을 거듭 강조했다. 그가 국문전용을 일반민중의 신지식 습득과 관련시키고 있는 곳에 그의 어문민족주의의 민주주의적 측면이 단적으로 드러나 있다.

그의 어문민족주주의 주장은 개화자강사상 즉 자주근대화사상과 결합된 것이기도 했다. 그는 이미 1897년의 「국문론」에서, 국문전용으로 문자습득 시간을 크게 절약해 긴급한 실상학문實相學問을 공부하도록 해 나라를 자주부강케 해야 한다고 말했다.

국문전용이 개화자강의 기초가 된다는 주시경의 사상은 1905년 이후에는 더욱 강력하게 주장되었다. 그는 국문전용이 곧 민지民智를 모두 깨우치고 실상학문과 실업에 나아가게 해서 부강을 가져오는 길이라고 강조했다. 여기서 특히 주의해야 할 것은 그의 어문민족주의사상이 당대의 사회적 민족적 조건과 분리된 것으로 여겨서는 안 된다는 것이다. 주시경의 어문민족주의 사상은 국권을 잃기 전까지는 개화운동의 일환으로, 그리고 국권을 잃은 후에는 애국계몽운동의 일환으로서 발전되었기 때문이다.

07 국권회복을 위한 애국계몽운동

국어국문 연구와 교육의 필요성

1905년 일본의 한국침략이 본격화되자 국권회복을 위한 실력배양운동으로서 전국적으로 애국계몽운동이 전개되었다. 주시경은 자신의 어문민족주의 사상에 따라 이 운동에 앞장서 참여하면서 국어국문을 연구하고 보급하는 데 헌신했다.

"민족공동체는 언어공동체이므로 다른 나라를 빼앗고자 하는 자는 반드시 그 나라의 언어와 문자를 먼저 쇠망케 하고 자기 나라의 문자와 언어를 전파하기 마련"이라는 사상을 뿌리 깊게 지니고 있던 주시경에게 당시 국어국문의 연구와 보급운동은 매우 절박한 것이었다. 옛날에 로마가 강성할 때 로마 문자와 언어를 유럽, 서아시아, 북아프리카에 전파해 마침내 그 위세로 그들을 복속시키거나 병탄했고, 동아시아에서는 중국이 그 문자를 사근四近 각국에 전습傳習해 이로써 인국隣國의 머리를 누르고 혹은 부용附庸시키거나 병탄한 폐弊가 역사에 역력했으므로, 주시경은 그의 시대에 눈을 가진 자라면 그 폐가 오히려 심함을 지켜보게 되리라는 걸 잘 알고 있었다.

국권을 잃을 위기에 놓여 있던 시기에, 주시경의 국어국문의 연구와 교육은 국권회복이라는 문제의식에 바탕을 두고 있었다. 『국어문전음학國語文典音學』에서 주시경은 국어를 가르치고 배우려면 먼저 자기 나라의 언어와 문자가 백성과 나라에 어떠한 관계가 있는지부터 알아야 한다며, 국어국문 연구와 국어국문 교육의 문제의식을 강조하였다.

국권을 잃고 국권회복운동을 전개하는 상황에서는 국어와 국문을 사랑하고 닦는 일은 더욱더 절실하고 중요했다. 긴 세월에 걸쳐 한문자에 의해 언어와 문자를 지배당하다가 국어와 국문을 되찾아서 체계화해 널리 보급하지도 못한 채, 국망國望을 눈앞에 둔 또 다른 위기에 처해 다시 일본 어문에 지배된다면 국어국문이 극도로 문란해지고 결국 국어국문을 잃어버릴 위험이 있다고 간파했다. 만일 한문자와 외국의 압제에 눌려 국어국문을 잃어버리는 날에는 국권회복과 독립의 쟁취는 불가능하게 되리라고 보았다. 왜냐하면 국어국문을 잃어버리는 것은 국성國性과 독립의 빛을 잃어버리는 것이기 때문이었다.

주시경에게 국권회복을 위한 실력배양운동으로서의 애국계몽운동은 바로 국어국문의 애호·연구·전용·보급 투쟁이 그 핵심이었다. 그는 국권을 상실한 위기에서도 국어국문을 연구하여 국민들과 신진청소년들에게 국문을 널리 보급하고 자기 나라의 언어와 문자에 대한 사랑과 독립사상을 확고히 세워놓으면, 실력을 배양한 신진청년들에 의해 반드시 국권회복과 독립쟁취의 날이 오리라고 확신했다. 그는 오늘날 한 나라가 최약最弱해 다른 나라의 능가凌駕를 받으며 호흡을 자기 뜻대로 하지 못한다 할지라도, 국성인 언어와 문자를 닦고 보급해 자기의 국성이 최강最強하게 되면 결국 그 나라는 세계에 최강한 나라가 될 것을 기대할 수 있다고 말했다.

주시경이 국권회복이라는 사명감을 지니고 국어국문 연구에 헌신하여 내놓은 업적이 『대한국어문법』(1906), 「국문연구안」(1907~1908), 「극문연구」(1909), 『국문초학』(1909), 『국어문법』(1910) 등이었다. 일반 민중에게 독립사상과 국어국문 지식을 전파시키기 위해서 문답식으로 편찬한 『대한국어문법』이나, 우리나라 근대 최초의 일반국민을 위한 초등교육 교과서인 『국문초학』을 보면, 주시경이 국어국문의 교육을 통해 독립사상과 국권회복을 계몽하고 고취하기 위해 얼마나 고심했는지를 잘 알 수 있다.

주시경은 국권을 잃은 때를 틈타 외국의 언어와 문자가 미친 조수와 같이 달려 들어오고 자기의 언어와 문자는 전장에서 패해 말리는 깃발과 같이 퇴축退縮하기만 하니, 이때를 당해 국성을 보존하는 데 가장 중요한 자기 나라의 언어와 문자를 닦고 보급치 않으면 국권의 회복은 기약할 수 없게 된다고 지적하고, 국어와 국문을 갈고닦고 펴는 것이 국권회복의 기초가 된다고 국권회복의 기초로서의 국어국문의 연구와 교육과 애호의 긴급한 중요성을 다음과 같이 말한다.

국가를 보존하고 발전시키는 길은 국성을 기르는 데 있으며, 국성을 기르기 위하여 필요한 것이 국어와 국문을 숭상하는 일이다. 그러므로 다른 나라는 자기 나라의 언어와 문자를 갈고닦아 빛을 발하도록 한다. 그런데 한국은 편리한 문자가 있는데도 불구하고 이것에 관한 연구를 소홀히 하여 문법에 관한 책 한 권도 없는 실정이다. 그리고 국어로 저작할 때에도 말과 글을 서로 다르게 사용하는 잘못이 있다.

주시경은 국망을 눈앞에 둔 절박하고 위험한 시기에도 우리나라의 언어와 문자를 찾아 지킬 선각적인 대책을 세우려 했던 것이다. 만일 당시 주시경 등이 국어국문을 연구해 보급시켜 놓지 않은 채 국망을 맞아 국어국문을 완전히 잃어버렸다면 어떻게 되었을지 떠올려 보면 그 '시기'의 중요성과 주시경의 어문민족주의에 의거한 애국계몽운동의 중요성을 더욱 절감하게 된다.

다양한 사회개혁을 외치다

주시경은 비단 국어국문의 연구와 운동에만 관심을 가진 것이 아니라 국권회복과 독립 쟁취를 위한 광범위한 사회개혁에도 깊은 관심을 보였다. 먼저 그는 조혼 폐지를 주장했다. 주시경은 사회조직의 기본단위로 가족·가장을 매우 중시했으므로 조혼제도가 사회에 가져오는 폐해를 통감하고 이의 근본적인 폐지를 강력히 주장했다. 주시경이 본 조혼제도의 3대 폐해는 다음과 같다.

첫째, 조혼은 국민의 원기元氣를 줄여 국민을 병약, 쇠잔하게 해 가정과 나라를 모두 쇠잔하게 한다고 지적한다.

사람이 어려서 혼인하면 약하고 병이 많고 오래 살지 못하며, 이런 사람이 일찍 자녀를 낳고 그 자녀가 또 일찍 혼인해 더 약한 자녀를 낳아서, 이같이 점점 오랠수록 인종이 차차 조잔하매, 연약하고 병이 많아 일을 해도 씩씩하게 활발하지 못하며, 공부를 해도 총명하지 못하고, 견딜성이 없어 응당 할 것을 능히 감당치 못하므로, 나라일이나 제 집안일은커녕 한 몸도 잘 보전치 못해 심히 가련하고 빈곤한 지경에 이르매, 가뜩 어리석고 약한 중 가난을 겸하니 모든 일이 다 구차하므로 기운이 점점 궁축해 활발한 기상이 없어지므로, 이런 가정들이 모여 사는 나라는 기운이 줄어 쇠잔하는 법이라.

둘째, 조혼은 학문에 해가 되니, 원기가 줄어 공부하기에도 총명하지 못할 뿐 아니라 공부할 시기에 조혼하면 공부에 전념하지 못하고 가사 걱정부터 먼저 하게 된다고 보았다.

셋째, 조혼은 여자의 양육과 교육을 훌륭히 하지 못하게 해 다음 세대의 나라 발전을 저해한다고 지적했다. 그는 "사람의 부모 된 이가 어리고 무식하면 경솔한 거동과 지각없는 언어밖에 보일 것이 없을지니 그 안에서 자라는 자녀들이 그 경솔한 거동과 지각없는 언어밖에 본받을 것이 없을 지라, 장성한들 무엇을 알리오"라고 지적했다.

주시경은 우리나라에서는 과거 나라를 잘 다스릴 때에는 여성이 20세부터 시집을 갔고 남성은 30세부터 장가들었으며, 세계의 문명 부강국에서는 모두 충분히 공부하고 성인이 된 뒤 혼인한다는 사실을 지적하고, 온갖 사회적 폐단이 조혼제도에서 연유하고 있으니 이를 하루

속히 폐지하는 것이 근본적인 사회개혁의 하나가 된다고 주장하고 계몽했다.

다음으로 과학적 위생을 강조했다. 주시경은 현대 자연과학에 대한 많은 지식을 지니고 있었음으로 질병과 위생문제에 대한 온갖 미신과 비과학적 관행을 비판하고 과학적 위생의 방법을 보급할 것을 주장하고 계몽했다. 주시경이「병 다스리는 근본」에서 질병은 발생하기 전에 사전 예방위생을 중시해야 한다고 강조하고 계몽한 사실이나, 또는「ᄋᆞ히 업는 해」에서 어린이들의 질병의 원인을 무더운 여름의 아이 업는 관습에서 구해 이 관습을 바꿀 것을 주장하고 계몽한 것은 그의 과학적 위생론을 단적으로 보여준다. 그의「어린 ᄋᆞ히의 수정 몰으는 일」도 이러한 논지에서 쓴 계몽논설이다.

또 미신타파를 강조했다. 주시경은 당시 국민들 사이에 아직도 성행하는 각종의 미신을 타파하고 과학적 지식을 이해하며 습득하고 신뢰하도록 교육할 것을 주장하고 계몽했다. 그는 특히 부녀자들이 "허무흔 무복ᄶᅡ의 자리에 나가 무리지설과 악흔 ᄒᆡᆼ동에 물이 들어 그것을 밋고 조하ᄒᆞ고 슝상하게 흠이 어느것이 올흐뇨"라고 지적하면서 부녀들을 미신에서 깨어나도록 계몽해야 한다고 주장했다.

이런 다양한 사회개혁 주장과 연관하여 부녀교육론을 주장했다. 주시경은 당시 애국계몽사상가들 중에서도 유독 사회에서의 부녀의 지위에 대한 강조와 중요성과 부녀교육의 중요성을 계몽했다. 그가 부녀교육의 중요성과 긴급성을 특히 강조한 이유는 아버지보다 어머니가 자녀의 양육에 더욱 큰 영향을 미친다고 보았기 때문이다. 비록 사회학적 용어로

서의 사회화나 사회적 성격의 개념은 몰랐지만, 주시경은 그와 유사한 사회학적 관점을 지니고 있었다. 그는 자녀들이 20여 세를 지나 완전히 사회에 나가기 전에는 주로 그 어머니의 거동과 언어를 보고 듣고 본받아 자기의 인격을 형성해 나감을 지적하고 어머니가 되는 부녀의 교육의 중요성을 강조하면서 다음과 같이 말했다.

이러므로 예전에 이르기를 '딸이 시집감이어 그 집 사람을 옳게 하는 도다. 그 집 사람을 옳게 한 후에야 가히 나라 사람을 가르칠 수 있는도다'했으니, 딸이 시집을 가서 범절을 잘 행하면 온 집 사람의 모범이 될 뿐 아니라, 제일 그 나는 자녀의 모범이 되어 그 자녀가 그 어머니를 본받아 장성한 후에 혼인해 자녀를 낳으면 또 좋은 부모가 될지라. 이렇게 차차 하면 온 나라에 모두 좋은 사람이 생겨 그 나라가 잘 열릴지니, 이러므로 여자가 시집을 감에 가히 나라 사람을 가르친다 함이라.

주시경의 부녀교육론은 조혼폐지론과도 밀접히 관련된 것이었는데, 부녀교육의 실시가 궁극적으로 나라의 부강과 사회의 진보를 가져오는 가장 근본적인 대책이 된다고 강조한 것을 보면 그의 선각자적 견해가 단적으로 드러난다. 그가 1905년 이후의 분망한 애국계몽운동 기간 중에도 여성을 위한 『가뎡잡지』의 주필로서 부녀들의 교육계몽에 헌신한 것은 이러한 그의 사상과 깊은 관련이 있다.

또한 주시경의 사회관습개혁론 중의 특이한 주장의 하나는 아름다운 풍악과 좋은 노래를 지어 널리 보급할 것을 강조하고 계몽한 사실이다.

그는 우리나라 사람들이 여가에 가족과 함께 아름다운 음악으로 함께 즐기는 풍습을 만들지 못했기 때문에 남성들도 모두 건전하지 못한 오락으로 빠지게 되며, 부녀들도 미신이나 무복에 빠지게 된다고 날카롭게 지적했다.

주시경은 "좋은 노래에 아름다운 곡료를 만들고 익혀 가명과 사회에 좋은 일이 되게"해야 할 것을 주장했다. 또한 그는 부녀들에 대해서도 "아름다운 풍악과 좋은 노래로 아담ᄒ게 모혀노는 것과 녀인을 쇼박만ᄒ여 무복의 자리에 나가 무리지설과 악ᄒ 힝동에 물이 들어 그것을 밋고 조하ᄒ고 슝샹ᄒ게 흠이 어ᄂ 것이 올흐뇨"라고 지적하면서, 아름다운 음악을 보급해 가정과 사회의 풍습을 화합케 하고 건전하게 발전시킬 것을 주장하고 계몽했다.

08 마지막 순간까지 지속된 국어연구

주시경은 어문민족주의를 근간으로 한 애국계몽사상을 사상으로서만 주장한 것이 아니라 몸소 운동으로 실천했다. 그의 행동은 1896년에서부터 1899년까지의 『독립신문』·독립협회운동과 1905년에서부터 1914년까지의 애국계몽운동으로 나누어 볼 수 있다.

주시경은 서재필과 함께 『독립신문』 창간에 처음부터 관여하여 국문판 조필助筆로 활동했다. 그는 이때 『독립신문』을 우리나라 최초로 국문전용, 국문띄어쓰기, 쉬운 국어쓰기를 실행하며 신문 발행에 결정적인 역할을 담당했다. 이미 19세기 말 『독립신문』이 국문전용, 국문띄어쓰기, 완전한 언문일치에 의거한 쉬운 국어쓰기라는 혁명적인 의사소통의 방식으로 발행되고 일반 민중에게 보급되어 국민의 의식과 사상을 변혁시키고 한국사회의 발전에 크게 기여하게 된 데에는 주시경의 공헌이 매우 컸다.

주시경은 1896년 5월 독립신문사 안에 국문동식회를 조직했다. 이 회는 『독립신문』을 제작하는 데 「맞춤법 통일」 동식同式을 해야 한다는 긴급한 필요성 때문에 만들어진 연구회로써 주시경의 국어국문 연구에 큰 도움을 주었을 뿐 아니라, 우리나라 최초의 국문법 연구단체로 1898년까지 존속했다.

주시경이 조직한 국문동식회는 1907년 1월 훈동 의학교 안에 설립된 지석영 중심의 국문연구회, 역시 1907년 7월 학부學部 안에 설립된 국문연구소, 1908년 주시경이 국어강습소 졸업생들과 함께 조직한 국문연구회, 1921년 12월 주시경의 제자들이 중심이 되어 조직한 조선어연구회로 계승되었으며, 이 조선어연구회가 1931년 1월 조선어학회로 개칭되었다. 그리고 1949년 9월 조선어학회는 다시 한글학회로 개칭되어 현재에 이른다.

주시경은 1896년 11월 30일 배재학당 안에 협성회가 창립되자 이에 가입해 처음에는 전적典籍 겸 『협성회회보』 저술위원으로, 후에 제의提議라는 간부로 활동했다.

또한 1897년 12월 5일 22세의 나이로 독립협회의 위원에 선출되어 활동했다. 그는 1898년 11월 4일 17명의 독립협회 지도자들이 체포된 뒤 자발적으로 조직되어 전개된 만민공동회에는 양기탁梁起鐸, 이동녕李東寧 등과 함께 중요 청년지도자의 한 사람으로 참가해 독립협회와 만민공동회의 자주민권자강운동을 적극적으로 지도했다.

1898년 말 친러 수구파 정부의 기습적 무력탄압에 의해 독립협회와 만민공동회가 강제 해산되고 그 지도자들에 대한 체포가 시작되자, 주시경은 변장하고 봉산군 쌍산면 대산동 큰 자형 이종호李宗珦 집에 은신했다가 3개월 후 독립협회 간부들에 대한 사면이 있다는 기별을 그의 동지이며 뒤에 조선어학습원의 원장을 한 남형우南亨祐와 역시 뒤에 정리사 교장이 된 유일선柳一宣으로부터 받고 서울로 돌아왔다.

독립협회가 해산된 뒤 주시경은 서울에서 상동의 사립학숙私立學塾에 국어문법과를 신설하고, 학생들에게 국어문법을 가르치는 외에는 주로 자기의 연구에 골몰했다. 그는 1900년부터 1901년에 걸쳐 외국어와 자연과학에 대한 공부를 하면서 국어연구에 전념했다.

1905년 11월 이른바 을사보호조약에 의해 국권을 빼앗기자 국민들은 분발해 의병무장투쟁을 전개하는 한편, 국권회복을 위한 실력배양운동으로서의 애국계몽운동을 전개했다. 주시경은 애국계몽운동에 헌신적으로 참가했다.

주시경의 애국계몽운동의 특징은 한문을 모르는 일반 민중과 부녀층 속으로 파고들어서 그들이 읽을 수 있도록 '국문'을 전용하면서 국권회복을 위한 민족의 각성과 실력배양을 계몽했다는 점이다. 이 시기의 애국계몽운동가들이 모두 국권회복을 위한 실력배양과 민족의 각성을 계몽했지만, 주시경은 국문전용을 하면서 민중과 부녀층 속으로 파고들어서 나라사랑과 함께 자기의 언어와 문자에 대한 사랑을 일깨우고 기른 점에서 다른 애국계몽사상가와는 구분되는 특이점이라 말할 수 있다.

주시경은 민족 정체성 확립을 위한 국어 연구에 삶을 바쳐 어문 민족주의의 중심에 섰다. 소년기에는 한문을 배우면서 역설적으로 우리말과 글에 대한 관심을 가졌고, 나아가 한글 연구를 결심하게 되었다. 배재학당 입학을 계기로 신학문을 접하면서 문명 강대국은 모두 자기 나라의 문자를 사용한다는 자국어의 중요성을 깨닫게 되었다.

주시경의 활동은 크게 네 가지로 요약할 수 있다. 첫째, 한글 연구 성과의 간행과 보급 활동을 통한 민족의식 고취활동이다. 주시경은 1906년 학생용 교재인『대한국어문법』을 발간하여 널리 보급했다. 이 책은 우리말과 글을 바르게 인식하기 위한 글자꼴과 맞춤법의 본보기 규정 및 음운 이치를 논술한 것이다. 그리고 1908년에 음성론과 소리갈 등의 국어 문법에 관한 연구서인『국어문전음학』을 간행했다. 나아가 1909년 2월에 초등 국어교과서인『국문초학』을, 1910년 4월에『국어문법』을 각각 발간함으로써 민족의식을 고취하는 국권회복운동의 역량을 키워갔다.

둘째, 국문연구기관의 조직과 참여를 통한 열정적인 연구 활동이다. 주시경은 이준의 추천으로 지석영이 설립한 국문연구회에 참여하여 한글 연구에 종사했다. 이와 함께 주시경은 국가적 차원의 국문연구 기관 설치를 주장하여 이를 관철한 뒤, 거기에 참여하여 왕성한 연구 활동을 펼쳤다. 즉 주시경의 상소로 1907년 7월 학부 안에 국문연구소가 설치되자, 그 연구위원으로 선임되어 중심적인 역할을 수행한 것이다. 국문의 연원, 자체와 발음의 연혁, 철자법 등 11개 항목의 「국문연구안」을 냈고, 이를 토대로 『국문연구의정안』을 만들어 내각에 제출하는 등 뛰어난 연구 성과를 제출했다. 그리고 1908년 8월 주시경은 상동청년학원의 국어강습소 졸업생 및 유지들과 함께 국문연구회를 발족시켰다. 이는 한글연구 저변을 확대하기 위한 것이었지만, 거기에 그치는 것만이 아니라 한국강점 이후까지 내다보면서 결성한 민간 국문연구 단체였다.

셋째, 국어, 지리, 역사의 교육을 통한 민족 정체성의 확립 활동이다. 주시경은 1907년부터 상동청년학원에 국어강습소를 설립하여 청소년들에게 한글을 가르쳤다. 이 밖에도 주시경은 공옥, 이화, 숙명, 진명, 기호, 협성, 보성, 배재, 중앙, 경신 등 20여 개의 각급 학교에서 국어는 물론 우리 역사와 지리 등을 강의했다. 그리하여 '앉을 자리가 따뜻해질 겨를이 없을 만큼' 분주하게 강의할 책을 큰 보자기에 싸서 이 학교 저 학교로 다녔기 때문에, 주시경은 '주보따리'라는 별명을 얻었다고 한다. 이렇게 주시경은 청소년들이 있는 곳이면 어디든지 마다하지 않고 찾아다니며 우리말과 글, 그리고 역사와 지리 등을 교육하여 민족 정체성을 확인시키고 자주 독립정신을 일깨워 주었다.

넷째, 계몽운동 단체 참여와 언론을 통한 대중 계몽운동이다. 주시경은 1906년부터 약 1년간 『가뎡잡지』의 편집인으로 활약하면서 논설을 통해 여성 계몽 활동을 벌였다. 주시경의 활동 범위는 계몽운동 단체로도 이어져 서우학회와 대한협회의 활동에도 미쳤다. 그리하여 서우학회의 협찬원과 대한협회의 교육위원으로서 이들 단체의 기관지 발행과 학교 설립운동을 적극적으로 지원하였다. 그리고 『서우』, 『대한협회월보』

를 비롯한 계몽 잡지에 각종 논설을 발표하면서 대중의 민족적 각성을 촉구했다. 특히 이 시기 기독교에서 대종교로 개종하며 국권회복운동을 위해 혼신의 노력을 기울였다. 이러한 여러 방면에 걸친 주시경을 비롯한 계몽운동가들의 노력과 민족적인 의병투쟁에도 불구하고 우리나라는 1910년 8월 일본의 완전 식민지가 되고 말았다. 이후 일본은 영구한 식민지 지배를 획책하며 민족말살정책을 자행하였는데, 그 표적은 국어와 국사였다. 따라서 제도적인 국사 교육은 봉쇄되고 국어 교육은 제한되었다. 그리고 그 자리를 일본역사와 일본어가 차지하게 되었다. 이렇게 되자 주시경은 1911년부터 박동의 보성중학교에 조선어강습원을 열어 후학을 양성했고, 그 밖에도 여러 학교에 출강하면서 국어 교육을 민족의식을 고취시켰다. 당시의 상황을 최현배는 다음과 같이 회고하고 있다.

눈물을 머금은 '주보따리'는 언제나 동대문 연지동에서 서대문 정동으로, 정동에서 박동으로, 박동에서 동관으로 돌아다녔다. 스승은 교단에 서시매, 언제든지 용사가 전장에 다다른 것과 같은 태도로써 참되게, 정성스럽게, 뜨겁게, 두 눈을 부릅뜨고 학생을 응시하고, 거품을 날리면서 강설을 하셨다. 스승의 교수는 말 가운데 겨레의 혼이 들었고, 또 말 밖에도 나라의 생각이 넘치었다.

나라를 잃었는데 언어까지 잃게 되면 민족 정체성을 상실함은 물론, 영원히 독립을 쟁취할 수 없게 될 수 있다는 것을 자각한 주시경은 더욱 한글의 연구와 교육에 매진함으로써 독립 쟁취의 기초를 닦아 갔다. 한국강제병합 이후에도 『국어사전』 편찬 작업에 착수하고, 또 1914년에 『말의 소리』를 간행하여 국어음운학의 과학적 기초를 확립한 것 등은 그러한 노력의 일환이었다. 하지만 그러던 중 몸도 돌보지 않는 한글 연구와 강의로 말미암아 안타깝게도 주시경은 1914년 7월 27일 서울 수창동 자택에서 38세의 젊은 나이로 갑자기 세상을 떠났다.

주시경은 삶을 통해 우리말과 한글을 이론적으로 체계화했고, 국어에서의 독특한 음운학적 본질을 찾아내는 업적을 남겼다. 국어의 체계화, 표의주의 철자법, 한자어의 순화, 한글의 풀어쓰기 등 혁신적 주장을 한국어학의 선봉자였다.

1876	황해도 봉산군 무릉골에서 주면석周冕錫과 연안 이씨의 4남 2녀 중 둘째 아들로 태어남
1887	서울 남대문 안 시장에서 해륙물산 객주업을 하는 큰아버지 주면진의 양자로 입양
	진사 이희종의 글방에서 한학을 배우기 시작
1892	이희종에게 시전詩傳을 배우던 중 우리말 연구에 뜻을 세움
1893	배재학당의 강사 박세양과 정인덕을 찾아 산술과 만국지지 역사, 지리를 배움
1894	배재학당의 특별과인 만국지지과에 입학
1895	탁지부 관비생으로 선발되어 제물포에 있는 이운학교 속성과에 입학해 항해술을 배움
1896	배재학당에 다시 입학해 학당 안에 있는 활판소에서 잡역을 하며 수학. 독립신문사의 회계 겸 교정원으로, 또는 총무로 일하면서 학비를 범
	배재학당 내 활판소와 독립신문사와 협성회의 동지들을 모아 '국문 동식회'를 조직
	김명훈과 결혼
	배재학당의 학생회인 협성회協成會의 찬술원과 사적으로 피선되어 『협성회회보』를 편집
1897	독립협회 임원으로 피선

1898. 6	배재학당 만국지지 특별과를 졸업. 독립신문사의 총무직 사임
	영어 문법을 배우기 위해 배재학당 보통과에 입학
	독립협회의 만민공동회 사건으로 이승만, 서상대, 이동녕, 양기탁 등과 함께 감옥에 투옥되었다가, 황제의 특사령으로 11월에 석방
12. 31	『대한국어문법』의 원고본 집필
1899	남대문 안에 있는 제국신문사에 입사해 기자로 활동
1900. 6	보통과를 졸업. 졸업 예배 식전에서 아펜젤러 목사의 집례로 세례를 받고 감리교에 입교
	상동교회 부설 상동 청년 학원야학에 국어문법과를 부설
1901	1905년까지 외국인들에게 한국어를 가르침
1906	수진동 흥화학교 측량과야간 속성과 졸업
	이화학당 사무원으로 근무
	서우西友 학회 협찬원으로 근무
	『대한국어문법』 목각 인쇄본 출간
	창동에 있는 학교 '정리사'에 입학해 수학과 물리학을 배움
1907	지석영이 만든 국어연구회의 회원으로 4개월간 활동
7	학부지금의 교육부 내의 국문연구소 주임위원으로 임명되어 3년 동안 국문연구안을 작성·제출·토의
1908	『국어문전음학』을 출간
1908~1910	상동청년학원 안에 개설된 하기 국어강습소의 졸업생과 유지들을 규합, 국어연구학회를 조직
1909	캐나다 개신교 선교사인 J.S.게일, 다카하시高橋亨 등과 더불어 한어연구회를 조직

1911	학회 이름이 국어연구학회에서 조선언문회배달말글몯음로 개명. 국어강습소는 조선어강습원으로 개칭
1913	학회의 이름이 한글모로 재개명
1914	조선어강습원의 이름이 한글 배곧으로 재개칭
7. 27	세상을 떠남

참고문헌

〈자료〉

- 주시경, 『高等國語文典』(유인, 『전서』 3), 1909.〈자료〉
- 주시경, 『國文講義』(油印), 1906.
- 주시경, 『國文文法』(필사, 『전서』 1), 1905.
- 주시경, 『國文硏究』(필사, 『전서』 2), 1909.
- 주시경, 『國文硏究案』(필사, 『전서』 2), 1907~1908.
- 주시경, 『국문초학』, 박문서관, (『전서』 6), 1909.
- 주시경, 『國語文法』, 博文書館 (『전서』 3), 1910.
- 주시경, 『國語文典音學』, 博文書館 (『전서』 1), 1908.
- 주시경, 『말』(필사, 『전서』 1), 1907~1908.
- 주시경, 『말의 소리』(石版), 新文館 (『전서』 3), 1914.
- 주시경, 『소리갈』(유인, 『전서』 3), 1912.
- 주시경 역, 『월남망국ᄉ』, 박문서관 (『전서』 6), 1907.
- 주시경, 『朝鮮語文法』, 博文書館 (『전서』 3), 1911.
- 주시경, 『朝鮮語文法』, 新舊書林/博文書館 (『전서』 3), 1913.
- 주시경, 「걸네의 위틔」, 『가뎡잡지』 2 - 1, 1908.
- 주시경, 「국문 모음의 근본음을 여러가지로 돌라 쓰는 것」, 『가뎡잡지』 2 - 1, 1908.
- 주시경, 「국문」, 『가뎡잡지』 1 - 1 (『전서』 1), 1906.
- 주시경, 「국문」, 『가뎡잡지』 1 - 5 (『전서』 1), 1906.

- 주시경, 「국문」, 『가뎡잡지』 1 - 6 (『전서』 1), 1906.
- 주시경, 「국문」, 『가뎡잡지』 2 - 3, 1908.
- 주시경, 「국문ᄌᆞ를 어음으로 만드신 ᄉᆞ긔」, 『가뎡잡지』 1 - 2 (『전서』 1), 1906.
- 주시경, 「국문론」, 『독립신문』 47 · 48, 134~135호 (『전서』 1), 1897.
- 주시경, 「국어와 국문의 필요」, 『西友』 2호 (1907.1.1.) (『전서』 1), 1907.
- 주시경, 「글ᄌᆞ를 올케 올케 분별ᄒᆞᄂᆞᆫ 것」, 『가뎡잡지』 1 - 4 (『전서』 1), 1906.
- 주시경, 「긔ᄌᆞ(箕子)」, 『가뎡잡지』 1 - 1 (『전서』 6), 1906.
- 주시경, 「녀인을 조흔 노리로 인도ᄒᆞᆯ 일」, 『가뎡잡지』 1 - 5 (『전서』 6), 1906.
- 주시경, 「놀란 ᄋᆞ히 더 놀내지 말 일」, 『가뎡잡지』 1 - 2 (『전서』 6), 1906.
- 주시경, 「단군(檀君)」, 『가뎡잡지』 1 - 1 (『전서』 6), 1906.
- 주시경, 「대동강 물지게」, 『가뎡잡지』 1 - 4 (『전서』 6), 1906.
- 주시경, 「디지문답」, 『가뎡잡지』 1 - 7 (『전서』 6), 1907.
- 주시경, 「력사」, 『가뎡잡지』 1 - 4 (『전서』 6), 1906.
- 주시경, 「력사」, 『가뎡잡지』 1 - 7 (『전서』 6), 1907.
- 주시경, 「말, 글」, 『가뎡잡지』 1 - 3 (『전서』 1), 1906.
- 주시경, 「말」, 『신학월보』 1 - 10 (『전서』 1), 1901.
- 주시경, 「말의 폐단」, 『가뎡잡지』 1 - 4 (『전서』 6), 1906.
- 주시경, 「머리 싸리지 말 일」, 『가뎡잡지』 1 - 2 (『전서』 6), 1906.
- 주시경, 「모르는 원슈」, 『가뎡잡지』 1 - 2 (『전서』 6), 1906.
- 주시경, 「무당 멸ᄒᆞᆯ 일」, 『가뎡잡지』 1 - 3 (『전서』 6), 1906.
- 주시경, 「물독을 자조 가실 일」, 『가뎡잡지』 1 - 2 (『전서』 6), 1906.
- 주시경, 「병 다ᄉᆞ리는 근본」, 『가뎡잡지』 1 - 3 (『전서』 6), 1906.
- 주시경, 「병 든 데 폐단」, 『가뎡잡지』 1 - 3 (『전서』 6), 1906.
- 주시경, 「불이 언몸에 해 됨」, 『가뎡잡지』 1 - 6 (『전서』 6), 1906.
- 주시경, 「샹ᄒᆞᆫ 음식을 앗기지 말 일」, 『가뎡잡지』 1 - 4 (『전서』 6), 1906.
- 주시경, 「셔울」, 『가뎡잡지』 1 - 1 (『전서』 6), 1906.

- 주시경, 「셔울」, 『가뎡잡지』 1 – 2 (『전서』 6), 1906.
- 주시경, 「셔울」, 『가뎡잡지』 1 – 3 (『전서』 6), 1906.
- 주시경, 「션비의 생업」, 『가뎡잡지』 1 – 6 (『전서』 6), 1906.
- 주시경, 「숫불의 해」, 『가뎡잡지』 1 – 6 (『전서』 6), 1906.
- 주시경, 「신발을 조심홀 일」, 『가뎡잡지』 2 – 1, 1908.
- 주시경, 「ᄋᆞ히 업는 해」, 『가뎡잡지』 1 – 3, 1906.
- 주시경, 「어리석은 락」, 『가뎡잡지』 1 – 7 (『전서』 6), 1907.
- 주시경, 「어리석은 졀용」, 『가뎡잡지』 1 – 5 (『전서』 6), 1906.
- 주시경, 「어린 ᄋᆞ히의 ᄉᆞ졍 몰으는 일」, 『가뎡잡지』 1 – 5 (『전서』 6), 1906.
- 주시경, 「위싱의 근원은 만복의 성취」, 『가뎡잡지』 1 – 4 (『전서』 6), 1906.
- 주시경, 「의복을 조심홀 일」, 『가뎡잡지』 2 – 1, 1908.
- 주시경, 履歷草 (필사, 『전서』 6), 1908~1912.
- 주시경, 「일가의 진졍」, 『가뎡잡지』 1 – 5, 1906.
- 주시경, 「일즉이 혼인ᄒᆞ는 폐」, 『가뎡잡지』 1 – 4, 1906.
- 주시경, 「자라보고 노리 흔 일」, 『가뎡잡지』 1 – 2 (『전서』 6), 1906.
- 주시경, 「ᄌᆞ모음의 대강 이야기」, 『가뎡잡지』 1 – 7 (『전서』 1), 1907.
- 주시경, 「朝鮮語에 關한 參考文」, 『신문계』 1 – 3, 1 – 5 (『전서』 3), 1913.
- 주시경, 「편지 폐단」, 『가뎡잡지』 1 – 6 (『전서』 6), 1906.
- 주시경, 「풍악과 노래」, 『가뎡잡지』 1 – 5, 1906.
- 주시경, 「必尙自國言文」, 『황성신문』 2442 · 2447 (『전서』 1), 1907.
- 주시경, 「한나라말」, 『普中親睦會報』 1 (『전서』 3), 1910.
- 주시경, 「흉을 들어내기 스러만 하는 일」, 『가뎡잡지』 1 – 4, 1906.

〈단행본〉
- 고영근, 『국어학연구사 – 그 흐름과 동향』, 학연사, 1985.
- 김민수, 『(증보판)주시경 연구』, 탑출판사, 1986.
- 김민수, 『신국어학사』, 일조각, 1980.

- 김민수, 『주시경 연구』, 탑출판사, 1977.
- 김민수, 『주시경전서』 전6권, 탑출판사, 1992.
- 김민수, 『초기국어문전 연구 - 특히 「대한문전」을 중심으로 해』, 통문관, 1975.
- 김세한, 『주시경전』, 정음사, 1974.
- 김윤경, 『한글 중흥의 스승 周時經 - 人物韓國史 5』, 博友社, 1965.
- 송철의, 『주시경의 언어이론과 표기법』, 서울대학교출판문화원, 2010.
- 이기문, 『開化期의 國文研究』, 일조각, 1970.
- 이기문, 『주시경전집』 상·하, 아세아문화사, 1976.
- 최낙복, 『주시경 문법의 연구(2)』, 역락, 2003.
- 최낙복, 『주시경 문법의 연구 - 형태론 성립과 그 계승』, 문성출판사1, 1991.

⟨논문⟩
- 강기진, 「한힌샘 주시경에 대한 연구 목록」, 『한힌샘연구』 1, 1988.
- 고영근, 「1988년 이후의 주시경 연구의 흐름」, 『한국의 언어연구』, 역락, 2001.
- 고영근, 「開化期의 국어연구단체와 국문보급활동 - 「한글모죽보기」를 중심으로」, 『한국학보』 9 - 1, 1985.
- 고영근, 「주시경 「국어문법」의 형성에 얽힌 문제 - 검열본을 중심으로」, 『대동문화연구』 30, 1995.
- 고영근, 「주시경 연구의 어제와 오늘」, 『주시경학보』 1, 1988.
- 고영근, 「주시경의 문법이론에 대한 형태·통사론적 접근」, 『국어학』 11, 1982.
- 고영근, 「한글의 유래」, 『통일시대의 어문문제』, 길벗, 1994.
- 김계곤, 「한힌샘 주시경 선생의 이력서에 대해」, 『한힌샘주시경연구』 4, 1991.
- 김민수, 「김규식 '대한문법의 연구'」, 『인문논집』 22, 1977.

- 김민수,「周時經 國語研究」,『朝鮮學報』48, 1968.
- 김민수,「周時經의 初期研究」,『亞細亞研究』14-4, 고려대학교 아세아문제연구소, 1971.
- 박지홍,「한글모 죽보기」에 대해」,『한힌샘주시경연구』9, 한글학회, 1996.
- 박태권,「주시경선생과 국문연구소」,『韓國語文論叢-牛村 姜馥樹博士 回甲紀念論文集』, 1976.
- 신용하,「周時經의 愛國啓蒙思想」,『韓國社會學研究』1, 1977.
- 이기문,「周時經의 學問에 대한 새로운 理解」,『한국학보』5, 일지사, 1976.
- 이기문·이병근,「周時經의 學問을 다시 생각한다」,『한국학보』16, 일지사.
- 이병근,「주시경」, 김완진 외,『국어연구의 발자취 I』, 서울대학교출판부, 1985.
- 이병근,「주시경의 언어이론과 늣씨」,『국어학』8, 1979.
- 이병근,「愛國啓蒙主義時代의 國語觀-周時經의 경우」,『韓國學報』12, 1978.
- 이현희,「주시경 연구 논저목록」,『주시경학보』1, 1988.
- 이현희,「주시경,「대한국어문법」譯註」,『주시경학보』3, 1989.
- 임영관,「周時經의 民族主義 國語觀에 관한 考察」,『弘大論叢』21, 1990.
- 임홍빈,「周時經先生 歷史의 筆者에 대해」,『주시경학보』2, 1988.
- 정승철,「주시경과 언문일치」,『한국학연구』12, 인하대학교 한국학연구소, 2003.
- 조원형,「20세기 초중반 한국어학의 사상적 면모-주시경과 계봉우를 중심으로」,『한국학연구』23, 인하대학교 한국학연구소, 2010.
- 최기호,「주시경의 초기 문법의식-「가뎡잡지」의 「국문」을 중심으로」,『말』14, 1989.
- 최낙복,「주시경 학문 연구의 역사」,『한글』281, 2008.
- 최명옥,「주시경의 「소리갈」에 대해」,『진단학보』44, 1979.
- 최호철,「주시경과 19세기 영어문법」,『주시경학보』4, 1989.
- 허웅,「주시경 선생의 학문」,『동방학지』12, 동방학연구소, 1971.
- 허웅·박지홍,『주시경 선생의 생애와 학문』, 과학사, 1 982.

한글에 빛을 밝힌 어문민족주의자 주시경

1판 1쇄 인쇄 2014년 12월 10일
1판 1쇄 발행 2014년 12월 20일

글쓴이   이규수
기 획   독립기념관 한국독립운동사연구소
펴낸이   윤주경
펴낸곳   역사공간
          주소: 서울시 마포구 동교로 142-11(서교동, 플러스빌딩 3층)
          전화: 02-725-8806~7, 팩스: 02-725-8801
          E-mail: jhs8807@hanmail.net
          등록: 2003년 7월 22일 제6-510호

ISBN 979-11-5707-033-6 03900

• 잘못된 책은 바꿔 드립니다.
• 이 도서의 국립중앙도서관 출판예정도서목록(CIP)은 서지정보유통지원시스템 홈페이지
  (http://seoji.nl.go.kr)와 국가자료공동목록시스템(http://www.nl.go.kr/kolisnet)에서
  이용하실 수 있습니다.(CIP제어번호: CIP2014035891)

역사공간이 펴내는 '한국의 독립운동가들'

독립기념관은 독립운동사 대중화를 위해 향후 10년간 100명의 독립운동가를 선정하여,
그들의 삶과 자취를 조명하는 열전을 기획하고 있다.